中等职业学校公共基础课程配套用书

数 学

（拓展模块 一）上册

学习指导与能力训练

主　　编：曹一鸣
分 册 主 编：曾善鹏　刘　静
分册副主编：黄毅刚　干琼宇
参 编 人 员：顾小妃　刘雷雷　李　婕　田世伟　周少兰

SHUXUE TUOZHAN MOKUAI YI SHANGCE
XUEXI ZHIDAO YU NENGLI XUNLIAN

北京师范大学出版集团
BEIJING NORMAL UNIVERSITY PUBLISHING GROUP
北京师范大学出版社

图书在版编目(CIP)数据

数学. 拓展模块一 上册 学习指导与能力训练/曹一鸣，曾善鹏，刘静主编 .—北京：北京师范大学出版社，2022.8(2024.7重印)

ISBN 978-7-303-28053-7

Ⅰ. ①数… Ⅱ. ①曹… ②曾… ③刘… Ⅲ. ①数学课—中等专业学校—教学参考资料 Ⅳ. ①G634.603

中国版本图书馆 CIP 数据核字(2022)第 138392 号

图书意见反馈：gaozhifk@bnupg.com 010-58805079
营销中心电话：010-58806880 58801876
编 辑 部 电 话：010-58806368 58807762

出版发行：北京师范大学出版社 www.bnupg.com
北京市西城区新街口外大街 12-3 号
邮政编码：100088
印 刷：天津市宝文印务有限公司
经 销：全国新华书店
开 本：889 mm×1194 mm 1/16
印 张：13.5
字 数：228 千字
版 次：2022 年 8 月第 1 版
印 次：2024 年 7 月第 8 次印刷
定 价：28.00 元(含试卷)

策划编辑：余娟平 林 子 责任编辑：余娟平
美术编辑：焦 丽 装帧设计：焦 丽
责任校对：陈 民 责任印制：马 洁 赵 龙

前 言

职业教育与普通教育是两种不同的教育类型，具有同等重要的地位．公共基础课程是中等职业学校课程体系的重要组成部分，对促进学生可持续发展具有重要意义．本书是在习近平新时代中国特色社会主义思想指导下编写完成的，是中等职业学校公共基础课程教材《数学（拓展模块一）上册》的配套学习用书，是学生学习数学课程的辅助资料．

本书知识框架与教材《数学（拓展模块一）上册》保持基本一致，由充要条件、三角计算、数列、平面向量、圆锥曲线、立体几何六个单元构成，另含测试卷一套．每个单元由若干知识小节组成，每个知识小节包含“知识要点”“典型例题”“基础训练”“提高训练”“数学窗”等板块．“知识要点”引导学生总结梳理数学知识要点，建立自己的数学知识体系；“典型例题”引导学生学习理解数学知识运用的典型例题，掌握基本数学方法和思想；“基础训练”和“提高训练”则设置两种不同学业水平的习题，满足学生的个性化需求，提高大家分析问题和解决问题的能力；“数学窗”重点介绍数学发展史、数学文化、数学在生活中的应用等拓展知识，丰富数学内容，将“枯燥无味”的数学变得“生动活泼”．测试卷由单元测试卷（六个单元）、期中测试卷和期末测试卷三部分构成，都分别包含两套试卷（分别对应水平一和水平二）．我们力求版面设计简洁合理、习题精干高效、拓展史料丰富有趣，以期提高学生学习数学的兴趣和积极性．我们另提供所有习题的答案、提示或详细解答，为学生开启思路、解题提供参考．

数学源于大千世界，服务于生活实际．本书还引导学生掌握一定的数学学习方法．方法一是学会总结归纳，即总结梳理数学基本概念、公式、法则、定理、性质等数学知识要点，可以用条目、表格、框架图、思维导图等方式表达出来，厘清知识要点之间的逻辑关系，形成自己的数学知识主线．方法二是学会借鉴思考，从典型例题的分析解答中巩固公式、深化概念、掌握基本的解题方法与技巧、举一反三．方法三是勤于动笔训练，好记性不如烂笔头，通过同步训练及时反馈学习效果，规范解题过程，提高运算能力和逻辑推理能力．

“数学是锻炼思维的体操”．希望大家热爱数学学习，乐于探索数学问题，在数学学习过程中领略数学文化，感受数学魅力，提升数学学科核心素养．

本套丛书由曹一鸣任主编．曾善鹏、刘静任本分册主编，黄毅刚、干琼宇任本分册副主编，参加编写的还有顾小妃、刘雷雷、李婕、田世伟、周少兰；此外，余娟平对本书的编写提供了很多帮助，在此表示感谢．

由于编者水平有限，本书还有一些需要完善修订的地方，我们将认真听取大家的意见，不断对其进行改进和提升，以便更有效地为大家所用．

编者

2022 年 7 月

目 录

第 3 单元 数列

第 4 单元 平面向量

第 5 单元　圆锥曲线

第 6 单元　立体几何

第 1 单元 · 充要条件

1.1 命题及简单的逻辑联结词

知识要点

笔 记

1. 命题的定义：可以判断真假的陈述句叫作命题.

2. 真命题、假命题：其中判断为真的语句叫**真命题**，判断为假的语句叫**假命题**.

3. 复合命题：如果用小写字母 p，q，r，s，…来表示简单命题，则 p 且 q，p 或 q，非 p 称为**复合命题**.

4. 逻辑联结词：基本的逻辑联结词有“或”“且”“非”.

(1)用“且”把命题 p 和 q 联结起来，得到的新命题，读作“p 且 q”.

(2)用“或”把命题 p 和 q 联结起来，得到的新命题，读作“p 或 q”.

(3)对命题 p 加以否定，得到的新命题，读作“非 p”或“p 的否定”.

典型例题

考点 1　判断语句是否是命题

例 1　判断下列语句是否是命题.

(1)$x^2+1=0$.

(2)2 是奇数.

分析　x 是未知数，不能判断 $x^2+1=0$ 是否成立. 在数学中含有变量的语句叫开语句.

解　(1)“$x^2+1=0$”不能判断真假，因此不是命题.

(2)“2 是奇数”是命题.

方法总结：首先看句型，疑问句、祈使句、感叹句都不是命题；其次看能否判断真假，不能判断真假的不是命题.

考点 2　判断命题的真假

例 2　判断下列命题的真假.

(1)正方形是菱形.

(2)$\{x\in\mathbf{N} \mid |x-1|<3\}$是无限集.

分析　(1)有一组邻边相等的平行四边形叫作菱形；正方形的邻边相等，且是平行四边形，因此正方形是菱形.

(2)解$|x-1|<3$得$-2<x<4$，由于$x\in\mathbf{N}$，故$\{x\in\mathbf{N} \mid |x-1|<3\}=\{0, 1, 2, 3\}$，是有限集合.

解　(1)正方形是一种特殊的菱形，故原命题判断为真，是真命题.

(2)原集合即$\{0, 1, 2, 3\}$是有限集合，故原命题判断为假，是假命题.

方法总结：注意基本概念的辨析，如果无法直接判断命题的真假，可以将命题进行等价变形后再进行判断.

考点 3　复合命题的构成

例 3　写出符合条件的新的命题形式，并判断真假.

命题 p：$\pi>3$，q：π 是有理数.

(1)p 且 q.

(2)p 或 q.

(3)非 p.

(4)非 q.

解　(1)p 且 q：π 是大于 3 的有理数. π 不是有理数，因此“p 且 q”为假命题.

(2)p 或 q：$\pi>3$ 或 π 是有理数. 只要 p 与 q 中有一个命题是真命题那么“p 或 q”就是真命题，其中 p 为真命题，所以“p 或 q”为真命题.

(3)非 p：$\pi\leqslant 3$. 假命题.

(4)非 q：π 是无理数. 真命题.

方法总结：可以通过整体把握语句所表达的逻辑关系来判断，也可以使用表 1-1 来判断命题的真假，要注意思维的严谨性.

表 1-1　判断命题的真假

p	q	非 p	p 或 q	p 且 q
真	真	假	真	真
真	假	假	真	假

续表

p	q	非 p	p 或 q	p 且 q
假	真	真	真	假
假	假	真	假	假

基础训练

改错与反思

一、选择题

1. 下列语句不是命题的是(　　).

A. 好人一生平安

B. $1+1>2$

C. $2\sqrt{3}$ 是有理数

D. 奇数的平方仍然是奇数

2. 下列命题中，是真命题的是(　　).

A. $\{x\in\mathbf{R}\mid x^2+1=0\}$ 不是空集

B. $\{x\in\mathbf{R}\mid |x|<4\}$ 是无限集

C. $x^2-5x+1=0$ 无解

D. $x^2-5x=0$ 的根是无理数

3. 下列命题中，是假命题的是(　　).

A. 三条边对应相等的两个三角形全等

B. 直角三角形斜边上的中线是斜边的一半

C. 矩形的对角线相等

D. 对角线互相垂直的平行四边形是正方形

4. 命题 p：所有的质数都是奇数，非 p 是(　　).

A. 所有的质数都不是奇数，是真命题

B. 所有的质数都不是奇数，是假命题

C. 有的质数不是奇数，是真命题

D. 有的质数不是奇数，是假命题

二、填空题

5. 给出下列命题：

①若 $ac=bc$，则 $a=b$；

②方程 $x^2-x+1=0$ 有两个实根；

③若 $p>0$，则 $p^2>p$；

④对角线相等的平行四边形是矩形；

⑤对角线互相垂直的平行四边形是菱形.

其中真命题有________，假命题有________.（用序号填空）

6. p：2 是方程 $x+5=0$ 的根，q：2 是方程 $x-2=0$ 的根. p 且 q 组成的新命题是________________，该新命题是________命题；p 或 q 组成的新命题是________________，该新命题是________命题.

三、解答题

7. 用“且”和“或”分别联结下面所给命题 p，q 组成新命题，并判断它们的真假.

(1) p：56 是 8 的倍数，q：56 是 3 的倍数.

(2) p：平行四边形的对角线互相平分，q：平行四边形的对角线相等.

8. 写出下列命题的非命题，并判断真假.

(1)2 是质数.

(2) $3+6=8$.

(3) $1001>1000$.

(4)不是每一个人都会游泳.

提高训练

9. 举反例，说明下列命题是假命题.

(1)对于任意的实数 x，都有 $|x|=x$.

(2)两个三角形有两条边对应相等，一个角对应相等，则这两个三角形全等.

10. 为使得下列语句是真命题，求 x 的取值范围.

(1) $x+3>x$.

(2) $x^2>16$.

数学窗

王充(27—约 97)是东汉时期的唯物主义思想家，也是我国早期杰出的逻辑学家，是论证逻辑思想的先行者.《论衡》一书是王充逻辑思想的主要著作，全书共三十卷，八十五篇，是关于评判论断、论题真伪标准的书籍，这本书是从论证基本要素(论题、论据和论证方式)出发评判是非真伪的逻辑思想著作，是先秦以来对论证逻辑较为全面的概括与总结.“生地之物，更从天集；生天之物，可从地出乎？地之有万物，犹天之有列星也．星不更生于地，谷何独生于天乎？”(《感虚篇》)大致意思是，长在天上的东西，就不会从地上长出来．长在地上的东西，不可能从天上落下来．如果星星属于天上的东西，它不能从地上长出来，那么谷物属于地上的东西，它就不可能从天上落下来．王充运用演绎论证，批判了谷子从天上来的迷信学说，得出了“谷生于地”的结论.①

王充

数学活动

阅读关于哥德巴赫猜想的资料，思考：猜想是不是命题？

哥德巴赫猜想是世界近代三大数学难题之一．1742 年哥德巴赫发现，任一大于 2 的整数都可以写成三个质数之和②．但是哥德巴赫自己无法证明它，于是他写信给当时的大数学家欧拉，欧拉回信说，他相信这个猜想是正确的，但他不能证明．从哥德巴赫提出这个猜想至今，许多数学家都不断努力攻克它，有人进行了一些具体的验证工作，如 $6=3+3$，$8=3+5$，$10=5+5=3+7$，$12=5+7$，…，有人对 3 564 内大于 6 的偶数都进行了一一验算，哥德巴赫猜想(ⅰ)都成立，但 200 多年过去了，仍没有人给出严格

① 席煜翔：《王充逻辑思想研究》，硕士学位论文，河北大学，2016.

② 当时约定 1 为质数.

的数学证明. 哥德巴赫猜想由此成为数学皇冠上一颗可望而不可即的数学明珠.

1966 年，我国数学家陈景润在华罗庚的指导下，极大地推动了哥德巴赫猜想的证明工作. 他证明了“任何充分大的偶数都是一个质数与一个自然数之和，而后者仅仅是两个质数的乘积”，这被称为陈氏定理，一般被表述为大偶数可表示为“1＋2”的形式. 值得一提的是，外国数学家在证明“1＋3”时用了大型高速计算机，而陈景润却完全靠纸笔和头脑，对于他的成就，外国数学家感慨道：他移动了群山！

最终谁会攻克“1＋1”这个难题呢？等待你的加入！

1.2 四种命题

笔 记

知识要点

1. 命题的一般形式："如果……，那么……"或"若……，则……".

2. 逆命题：在两个命题中，如果第一个命题的条件是第二个命题的结论，且第一个命题的结论是第二个命题的条件，那么这两个命题叫作互逆命题. 如果把其中一个命题叫作原命题，那么另一个叫作原命题的**逆命题**.

3. 否命题：一个命题的条件和结论分别是另一个命题的条件的否定和结论的否定，这样的两个命题叫作互否命题，把其中一个叫作原命题，另一个叫作原命题的**否命题**.

4. 逆否命题：一个命题的条件和结论分别是另一个命题的结论的否定和条件的否定，这样的两个命题互为**逆否命题**.

5. 几种命题之间的关系：互逆命题真假无关，互否命题**真假无关**，原命题和逆否命题**同真同假**，一个命题的逆命题和否命题同真同假.

举例：原命题为"若 p，则 q"；

逆命题为"若 q，则 p"；

否命题为"若非 p，则非 q"；

逆否命题为"若非 q，则非 p".

典型例题

考点 1　将命题改写成一般形式

例 1　把下列命题写成"若 p，则 q"的形式，并判断真假.

(1)当 $ac>bc$ 时，$a>b$；

(2)已知 x，y 为正整数，当 $y=x+1$ 时，$y=3$，$x=2$.

解　(1)若 $ac>bc$，则 $a>b$，假命题.

(2)已知 x，y 为正整数，若 $y=x+1$，则 $y=3$ 且 $x=2$，假命题.

方法总结：分清命题的条件和结论，用"如果……，那么……"或"若……，则……"联结条件和结论.

考点 2　写出命题的逆命题、否命题、逆否命题

例 2　写出命题"已知 a，b 是实数，若 $ab=0$，则 $a=0$ 或 $b=0$"的逆命题、否命题、逆否命题，并判断其真假.

分析　(1)“已知 a，b 是实数”为命题的大前提，写命题时不应该忽略；

(2)互为逆否命题的两个命题同真假；

(3)“$a=0$ 或 $b=0$”的否定是“$a\neq 0$ 且 $b\neq 0$”，“或”的否定是“且”.

解　逆命题：已知 a，b 是实数，若 $a=0$ 或 $b=0$，则 $ab=0$，真命题；

否命题：已知 a，b 是实数，若 $ab\neq 0$，则 $a\neq 0$ 且 $b\neq 0$，真命题；

逆否命题：已知 a，b 是实数，若 $a\neq 0$ 且 $b\neq 0$，则 $ab\neq 0$，真命题.

方法总结：找准条件和结论，根据定义写出命题，再利用知识进行判断.

基础训练

改错与反思

一、选择题

1.“已知 a，b，c，d 是实数，若 $a>c$，$b>d$，则 $a+b>c+d$”，下列表述错误的是(　　).

A. 该命题的逆命题是：已知 a，b，c，d 是实数，若 $a+b>c+d$，则 $a>c$，$b>d$

B. 该命题的否命题是：已知 a，b，c，d 是实数，若 $a\leqslant c$ 或 $b\leqslant d$，则 $a+b\leqslant c+d$

C. 该命题的逆否命题是：已知 a，b，c，d 是实数，若 $a+b\leqslant c+d$，则 $a\leqslant c$ 或 $b\leqslant d$

D. 该命题的逆否命题是：已知 a，b，c，d 是实数，若 $a>c$，$b>d$，则 $a+b\ngtr c+d$

2. 关于命题“一个数是 0，则这个数的平方等于 0”，下列表述错误的是(　　).

A. 该命题的逆命题是：如果一个数的平方是 0，那么这个数是 0

B. 该命题的否命题是：如果一个数不是 0，那么它的平方不等于 0

C. 该命题的逆否命题是：不等于 0 的数其平方也不等于 0

D. 该命题的逆否命题是：一个数的平方不等于 0，则这个数不等于 0

3. 设命题 p：所有正方形都是平行四边形，则 p 的否命题为(　　).

A. 所有正方形都不是平行四边形

B. 有的平行四边形不是正方形

C. 有的正方形不是平行四边形

D. 不是正方形的四边形不是平行四边形

4. 下面的叙述正确的是(　　).

A. 原命题是真命题，其逆命题也一定是真命题

B. 原命题是真命题，其逆否命题也一定是真命题

C. 原命题是假命题，其否命题也一定是假命题

D. 原命题是假命题，其逆否命题可能是真命题

二、填空题

5. 命题“若 $x<3$，则 $x<4$”的逆否命题是________________________.

6. 命题“若 $x=3$，$y=5$，则 $x+y=8$”的逆命题是____________，否命题是____________，逆否命题是____________.

三、解答题

7. 把下列命题写成“若 p，则 q”的形式，并判断真假.

(1)当 $ab=0$ 时，$a=0$ 或 $b=0$.

(2)当 $x^2-2x-3=0$ 时，$x=3$ 或 $x=-1$.

(3)负数的立方是负数.

(4)三个角对应相等的两个三角形是全等三角形.

8. 写出下列命题的逆命题、否命题和逆否命题，并判断真假.

(1)菱形的对角线互相垂直.

(2)如果 a，b 都是奇数，则 ab 一定是奇数.

提高训练

9. 设原命题为“已知 a，b 是实数，若 $a+b$ 是无理数，则 a，b 都是无理数”，写出它的逆命题、否命题和逆否命题，并分别说明它们的真假.

10. 写出下列命题的逆命题、否命题、逆否命题，并判断其真假.

(1)若 $q<1$，则方程 $x^2+2x+q=0$ 有实根.

(2)若 $x^2+y^2=0$，则 x，y 全为零.

数学窗

亚里士多德(前384—前322)是著名的古希腊哲学家，他不仅是形式逻辑的创始人，而且是许多学科的创始人，为后人留下了大量的科学著作，为人类文化进步和历史发展做出了杰出的贡献. 亚里士多德认为逻辑学是一切科学的工具，他一生写过许多逻辑著作. 这些著作被收集在《工具论》中. 亚里士多德在逻辑学上的一个重要的成就是三段论，一个三段论是一个包括有大前提、小前提和结论三个部分的论证. 最为人所熟知的一个例子是：凡人都会死(大前提)，苏格拉底是人(小前提)，所以苏格拉底会死(结论).

数学活动

梳理之前学习过的某一章节的命题或定理，改写成命题的一般形式，并写出其逆命题、否命题和逆否命题，判断其真假.（如初中学习过的平行四边形的许多定理：“平行四边形的对角线互相平分”“两组对边分别相等的四边形是平行四边形”“一组对边平行且相等的四边形是平行四边形”……）

1.3 充分条件与必要条件

笔 记

知识要点

1. $p\Rightarrow q$：当命题“如果 p，则 q”经过推理证明判断是真命题时，我们说由 p 可以推出 q，记作 $p\Rightarrow q$.

2. 充分条件和必要条件：如果已知 $p\Rightarrow q$，我们称 p 是 q 的**充分条件**，q 是 p 的**必要条件**.

3. 充要条件：如果既有 $p\Rightarrow q$，又有 $q\Rightarrow p$，则 p 是 q 的充分必要条件，简称**充要条件**，记作 $p\Leftrightarrow q$.

4. 充分不必要条件：如果有 $p\Rightarrow q$，但 q 不能推出 p，我们称 p 是 q 的**充分不必要条件**.

5. 必要不充分条件：如果 p 不能推出 q，但 $q\Rightarrow p$，我们称 p 是 q 的**必要不充分条件**.

6. 既不充分也不必要条件：p 不能推出 q，同时 q 不能推出 p.

典型例题

考点　充分条件、必要条件、充要条件的判断

例　判断下列命题的真假.

(1)“$ac^2>bc^2$”是“$a>b(c\neq 0)$”的充要条件.

(2)“$x-2=0$”是“$x^2-4=0$”的充要条件.

(3)“可以被 5 整除的整数”是“末位是 0 的整数”的必要不充分条件.

分析　(1)由 $ac^2>bc^2$ 可知 $c\neq 0$，又因为 $c^2>0$，根据不等式的性质，不等式两边同时乘$\dfrac{1}{c^2}$，得 $a>b$；由 $a>b(c\neq 0)$，根据不等式性质，不等式两边同时乘 $c^2(c^2>0)$，得 $ac^2>bc^2$，故 $ac^2>bc^2$ 是 $a>b(c\neq 0)$的充要条件.

(2)由 $x-2=0$ 得 $x=2$，则 $x^2-4=0$ 成立；由 $x^2-4=0$，得 $x=\pm 2$，当 $x=-2$ 时，$x-2\neq 0$，故 $x-2=0$ 是 $x^2-4=0$ 的充分不必要条件.

(3)可以被 5 整除的整数末位应该是 0 或者 5，而整数末位是 0 一定能被 5 整除，因此前不能推后，但后能推前，所以是必要不充分条件.

解　(1)真命题.

(2)假命题.

(3)真命题.

方法总结：先分清条件和结论；用条件推结论，命题是否能写成 $p\Rightarrow q$ 的形式；再用结论推条件，命题能否写成 $q\Rightarrow p$ 的形式；依据定义判断.

改错与反思

基础训练

一、选择题

1. 下列 p 不是 q 的充分条件的是(　　).

A. p：四边形是菱形，q：这个四边形的对角线互相垂直

B. p：x，y 是无理数，q：xy 是无理数

C. p：四边形的两组对边分别相等，q：这个四边形是平行四边形

D. p：$x^2=4$，q：$x=\pm 2$

2. 下列 p 是 q 的必要不充分条件的是(　　).

A. p：四边形是平行四边形，q：四边形的两组对边分别相等

B. p：x^2 是无理数，q：x 是无理数

C. p：两个三角形的三条边对应成比例，q：两个三角形相似

D. p：$ac=bc$，q：$a=b$

3. 下列 p 是 q 的充要条件的是(　　).

A. p：四边形的对角线互相垂直且平分，q：四边形是正方形

B. p：$xy>0$，q：$x>0$，$y>0$

C. p：两个三角形全等，q：两个三角形的三条边对应相等

D. p：$A\cap B$ 是空集合，q：A 和 B 都是空集

4. 设 $x\in\mathbf{R}$，则“$x>0$”是“$x>1$”的(　　).

A. 充分不必要条件　　B. 必要不充分条件

C. 充要条件　　D. 既不充分也不必要条件

二、填空题

5. 用充分条件、必要条件或充要条件填空.

(1)p：三角形是等腰三角形，q：三角形是等边三角形，p 是 q 的________.

(2)$x\in\mathbf{N}$ 是 $x\in\mathbf{R}$ 的________.

(3)$x>5$ 是 $x>2$ 的________.

(4)$ab=0$ 是 $a=0$ 或 $b=0$ 的________.

6. 若 a，b 都是实数，试从①$ab=0$；②$a+b=0$；③$a(a^2+b^2)=0$；④$ab>0$ 中选出适合的条件，用序号填空.

(1)________是“a，b 都为 0”的必要不充分条件；

(2)________是“a，b 都不为 0”的充分条件；

(3)“a，b 至少有一个为 0”的充要条件是________.

三、解答题

7. 判断 p 是 q 的什么条件.

(1)p：三角形全等，q：两个三角形的面积相等.

(2)p：$a^2=4$，q：$a=2$.

(3)p：$a>b$，q：$\frac{1}{a}<\frac{1}{b}$.

8. 举例说明：

(1)p 是 q 的充分不必要条件；

(2)p 是 q 的必要不充分条件；

(3)p 是 q 的充要条件.

提高训练

9. 条件 p：$x>a$，条件 q：$x\geqslant 2$.

(1)若 p 是 q 的充分不必要条件，求 a 的取值范围.

(2)若 p 是 q 的必要不充分条件，求 a 的取值范围.

10. 根据电路图判断开关 A 闭合是灯泡 B 亮的什么条件?

(1)

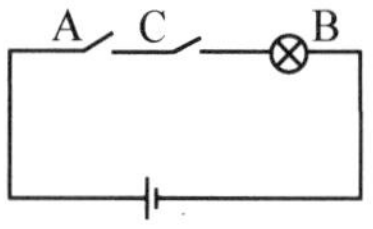

(2)

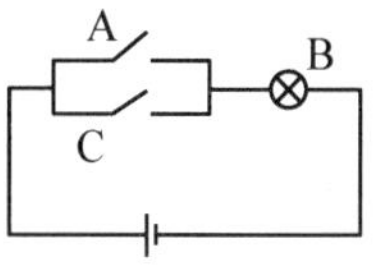

（3）
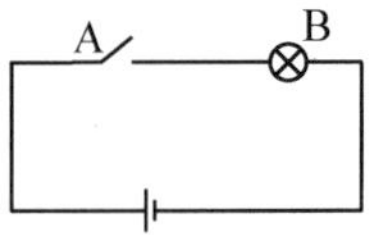

（4）
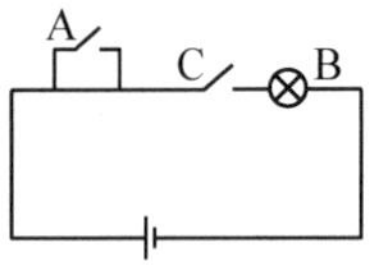

数学窗

哥德尔

哥德尔(1906—1978)，出生于捷克，是著名的数学家、逻辑学家和哲学家．他最著名的成果是证明了“哥德尔不完全性定理”，1931年，他发表了长篇论文《论〈数学原理〉及有关系统中的形式不可判定命题》，在这篇论文中，他证明，内涵丰富足以使数学形式化的公理体系在逻辑上是不可能完善的．他对希尔伯特纲领的质疑彻底改变了我们的数学真理观．在哥德尔之前，数学被看成真理，而且是真理的最高代表．在哥德尔之后，数学真理成了一种假象．真正存在的是数学证明，其内在逻辑可能完美无缺，然后它存在于一个更大的背景之下，即基础性数学，我们却不敢言之凿凿地说它一定是有意义的．哥德尔不仅仅作出了上述论断，而且还给予了证明．哥德尔证明，如果数学是逻辑自洽的，那么我们就无法加以证明．[①] 哥德尔的工作使数学发生了革命性的变化，存在着可知为真，但却必然不能被证明，终结了完全的、无矛盾知识的梦想，哥德尔不完全性定理以此树起了一座丰碑．

数学活动

悖论通常是指这样一种命题，按普遍认可的逻辑推理方式，推导的结论超出“通常可接受的见解”或者说结论是有矛盾的．阅读以下悖论，试着查阅资料，找一找更多悖论．

(1)说谎者悖论[②]

一个克里特人说：“我说这句话时正在说谎．”然后这个克里特人问听众他上面说的是真话还是假话．

事实上，若回答这个克里特人说：他这句话说的是真话，那么他“正在

① ［英］伊恩·斯图尔特：《数学的故事》，312～313页，上海，上海辞书出版社，2013.

② 王树禾：《数学聊斋》，423～424页，北京，科学出版社，2002.

说谎”，矛盾；若回答他说：这句话是假话，那么他正在说真话，又矛盾.可见对这位克里特人的“我说这句话时正在说谎”不可判断其真，亦不可判断其伪.

(2)意外考试悖论①

教授宣布：“下周某日进行一次‘意料之外的’考试，但你们不可能事前推测出考试在哪一天进行.”学生不服气，说：“我们推断考试不会在星期五进行，因为星期六和星期日是双休日，不会进行考试，如果在星期五考试，则下周星期四那天晚上我们就可以推测出来了，于是您的考试只能在星期一到星期四的某天进行，但不能在星期四进行，不然我们在下周星期三就可以推测出来，以此类推，所以您所说的考试不会进行，纯属吓唬人.”

问：学生的论证成立吗?

事实上，考试可以在下周五进行，学生们意料之中推断的事实星期五不能考试，结果老师星期五来考，不正是意料之外的考试吗？所以学生的论证不成立.

(3)彭罗斯楼梯

彭罗斯楼梯是著名的数学几何悖论之一，它是由四角(夹角为直角拐角)相连的四条楼梯组成的，其中每条楼梯都是向上(下)的，因此理论上可以无限延伸发展.在彭罗斯楼梯上，你永远走不到尽头、永远找不出最高点，一直在打转.

彭罗斯楼梯

① 王树禾：《数学聊斋》，425～426页，北京，科学出版社，2002.

第 2 单元 · 三角计算

2.1 和角公式

2.1.1 两角和与差的余弦

笔 记

知识要点

1. $\cos(\alpha+\beta)=\cos\alpha\cos\beta-\sin\alpha\sin\beta$.

2. $\cos(\alpha-\beta)=\cos\alpha\cos\beta+\sin\alpha\sin\beta$.

典型例题

例 1 求 $\cos 15°$的值.

解 $\cos 15°=\cos(45°-30°)$

$=\cos 45°\cos 30°+\sin 45°\sin 30°$

$=\dfrac{\sqrt{2}}{2}\times\dfrac{\sqrt{3}}{2}+\dfrac{\sqrt{2}}{2}\times\dfrac{1}{2}$

$=\dfrac{\sqrt{6}+\sqrt{2}}{4}$.

例 2 已知 $\alpha\in\left(0,\ \dfrac{\pi}{2}\right)$，$\beta\in\left(0,\ \dfrac{\pi}{2}\right)$，$\cos(\alpha+\beta)=-\dfrac{5}{13}$，$\sin\beta=\dfrac{3}{5}$，求 $\cos\alpha$.

解 因为 $\sin^2(\alpha+\beta)+\cos^2(\alpha+\beta)=1$，且 $\cos(\alpha+\beta)=-\dfrac{5}{13}$，$0<\alpha+\beta<\pi$，

所以 $\sin(\alpha+\beta)=\sqrt{1-\cos^2(\alpha+\beta)}=\sqrt{1-\left(\dfrac{5}{13}\right)^2}=\dfrac{12}{13}$.

又因为 $\sin^2\beta+\cos^2\beta=1$，且 $\sin\beta=\frac{3}{5}$，$\beta\in\left(0,\ \frac{\pi}{2}\right)$，

所以 $\cos\beta=\sqrt{1-\sin^2\beta}=\sqrt{1-\left(\frac{3}{5}\right)^2}=\frac{4}{5}$.

$$\begin{aligned}\cos\alpha&=\cos[(\alpha+\beta)-\beta]=\cos(\alpha+\beta)\cos\beta+\sin(\alpha+\beta)\sin\beta\\&=-\frac{5}{13}\times\frac{4}{5}+\frac{12}{13}\times\frac{3}{5}=\frac{16}{65}.\end{aligned}$$

基础训练

改错与反思

一、选择题

1. $\cos 105°$的值是(　　).

A. $\frac{\sqrt{6}+\sqrt{2}}{4}$　　B. $\frac{\sqrt{6}-\sqrt{2}}{4}$　　C. $-\frac{\sqrt{6}+\sqrt{2}}{4}$　　D. $\frac{\sqrt{2}-\sqrt{6}}{4}$

2. $\cos 82°\cos 22°+\sin 82°\sin 22°$的值是(　　).

A. $\frac{1}{2}$　　B. $\frac{\sqrt{3}}{2}$　　C. $-\frac{\sqrt{3}}{2}$　　D. $-\frac{1}{2}$

3. 若 $\cos\alpha=-\frac{3}{5}$，$\alpha\in\left(\frac{\pi}{2},\ \pi\right)$，则 $\cos\left(\alpha+\frac{\pi}{3}\right)$的值是(　　).

A. $\frac{3+4\sqrt{3}}{10}$　　B. $-\frac{3+4\sqrt{3}}{10}$　　C. $\frac{3-4\sqrt{3}}{10}$　　D. $-\frac{3-4\sqrt{3}}{10}$

4. 已知 α，β 均为锐角，且 $\cos\alpha=\frac{3}{5}$，$\cos\beta=\frac{5}{13}$，则 $\cos(\alpha-\beta)$的值是(　　).

A. $\frac{14}{65}$　　B. $\frac{21}{65}$　　C. $\frac{16}{65}$　　D. $\frac{63}{65}$

二、填空题

5. $\cos 50°\cos 5°+\sin 50°\sin 5°=$________.

6. 已知 $\cos\alpha=\frac{4}{5}$，$\cos(\alpha-\beta)=\frac{12}{13}$，且 $0<\beta<\alpha<\frac{\pi}{2}$，则 $\alpha-\beta$ 是第一象限的角，$\sin(\alpha-\beta)=$________；由 $\beta=\alpha-(\alpha-\beta)$得 $\cos\beta=$________.

三、解答题

7. 已知 $\sin\alpha=-\frac{4}{5}$，$\alpha\in\left(\pi,\ \frac{3}{2}\pi\right)$，求 $\cos\left(\alpha-\frac{\pi}{4}\right)$的值.

8. 已知 $\cos\alpha=\dfrac{4}{5}$，$\cos\beta=\dfrac{12}{13}$，且 α 为锐角，$\beta\in\left(\dfrac{3}{2}\pi,\ 2\pi\right)$，求 $\cos(\alpha+\beta)$ 的值.

提高训练

9. 已知 $\sin\alpha=\dfrac{\sqrt{5}}{5}$，$\sin\beta=\dfrac{\sqrt{10}}{10}$，且 $\alpha\in\left(\dfrac{\pi}{2},\ \pi\right)$，$\beta$ 为锐角，求 $\cos(\alpha+\beta)$ 的值.

10. 已知 $\sin(\alpha+\beta)=\dfrac{4}{5}$，$\cos\beta=-\dfrac{1}{3}$，$\alpha\in\left(0,\ \dfrac{\pi}{2}\right)$，$\beta\in\left(\dfrac{\pi}{2},\ \pi\right)$，求 $\cos\alpha$ 的值.

数学窗

数学魔术家

1981 年夏日，在印度举行了一场心算比赛．表演者是印度的一位 37 岁的妇女，她的名字叫沙贡塔娜．当天，她要以惊人的心算能力，与一台先进的电子计算机展开竞赛．

工作人员写出一个 201 位的大数，让求这个数的 23 次方根．沙贡塔娜只用了 50 秒就向观众报出了正确的答案．而计算机为了得出同样的答案，必须输入两万条指令，再进行计算，花费的时间比沙贡塔娜要多得多．

这一奇闻，在国际上引起了轰动，沙贡塔娜被称为“数学魔术家”．

2.1.2 两角和与差的正弦

知识要点

1. $\sin(\alpha+\beta)=\sin\alpha\cos\beta+\cos\alpha\sin\beta$.

2. $\sin(\alpha-\beta)=\sin\alpha\cos\beta-\cos\alpha\sin\beta$.

笔 记

典型例题

例 1 求 $\sin 15^\circ$的值.

解 $\sin 15^\circ=\sin(45^\circ-30^\circ)$

$=\sin 45^\circ\cos 30^\circ-\cos 45^\circ\sin 30^\circ$

$=\dfrac{\sqrt{2}}{2}\times\dfrac{\sqrt{3}}{2}-\dfrac{\sqrt{2}}{2}\times\dfrac{1}{2}$

$=\dfrac{\sqrt{6}-\sqrt{2}}{4}$.

例 2 已知$\alpha\in\left(0,\dfrac{\pi}{2}\right)$，$\beta\in\left(\dfrac{\pi}{2},\pi\right)$，$\sin(\alpha+\beta)=\dfrac{4}{5}$，$\cos\beta=-\dfrac{5}{13}$，求$\sin\alpha$.

解 因为$\sin^2(\alpha+\beta)+\cos^2(\alpha+\beta)=1$，且$\sin(\alpha+\beta)=\dfrac{4}{5}$，$\dfrac{\pi}{2}<\alpha+\beta<\dfrac{3\pi}{2}$，

所以$\cos(\alpha+\beta)=-\sqrt{1-\sin^2(\alpha+\beta)}=-\sqrt{1-\left(\dfrac{4}{5}\right)^2}=-\dfrac{3}{5}$.

又因为$\sin^2\beta+\cos^2\beta=1$，且$\cos\beta=-\dfrac{5}{13}$，$\beta\in\left(\dfrac{\pi}{2},\pi\right)$，

所以$\sin\beta=\sqrt{1-\cos^2\beta}=\sqrt{1-\left(-\dfrac{5}{13}\right)^2}=\dfrac{12}{13}$.

$\sin\alpha=\sin[(\alpha+\beta)-\beta]=\sin(\alpha+\beta)\cos\beta-\cos(\alpha+\beta)\sin\beta$

$=\dfrac{4}{5}\times\left(-\dfrac{5}{13}\right)-\left(-\dfrac{3}{5}\right)\times\dfrac{12}{13}=\dfrac{16}{65}$.

基础训练

一、选择题

改错与反思

1. $\sin 75^\circ$的值是(　　).

A. $\dfrac{\sqrt{6}+\sqrt{2}}{4}$　　B. $\dfrac{\sqrt{6}-\sqrt{2}}{4}$　　C. $-\dfrac{\sqrt{6}+\sqrt{2}}{4}$　　D. $-\dfrac{\sqrt{6}-\sqrt{2}}{4}$

2. $\sin 26^\circ\cos 34^\circ+\cos 26^\circ\sin 34^\circ$的值是(　　).

A. $\frac{1}{2}$　　B. $\frac{\sqrt{3}}{2}$　　C. $-\frac{\sqrt{3}}{2}$　　D. $-\frac{1}{2}$

3. 若 $\sin\alpha=\frac{3}{5}$，$\alpha\in\left(\frac{\pi}{2},\ \pi\right)$，则 $\sin\left(\alpha-\frac{\pi}{3}\right)$的值是(　　).

A. $\frac{3+4\sqrt{3}}{10}$　　B. $-\frac{3+4\sqrt{3}}{10}$　　C. $\frac{3-4\sqrt{3}}{10}$　　D. $-\frac{3-4\sqrt{3}}{10}$

4. 已知 α，β 均为锐角，且 $\sin\alpha=\frac{3}{5}$，$\cos\beta=\frac{5}{13}$，则 $\sin(\alpha+\beta)$的值是(　　).

A. $\frac{14}{65}$　　B. $\frac{21}{65}$　　C. $\frac{16}{65}$　　D. $\frac{63}{65}$

二、填空题

5. $\sin 14^\circ\cos 16^\circ+\cos 14^\circ\sin 16^\circ=$________.

6. 若 $\cos\alpha=\frac{4}{5}$，且 $0<\alpha<\frac{\pi}{2}$，则 $\sin(\pi+\alpha)$的值是________.

三、解答题

7. 已知 $\sin\alpha=-\frac{3}{5}$，$\alpha\in\left(\pi,\ \frac{3}{2}\pi\right)$，求 $\sin\left(\alpha-\frac{\pi}{4}\right)$的值.

8. 已知 $\sin\alpha=\frac{3}{5}$，$\cos\beta=\frac{12}{13}$，且 α，β 均为锐角，求 $\sin(\alpha-\beta)$的值.

提高训练

9. 已知 $\sin\left(\frac{\pi}{2}-\alpha\right)=\frac{1}{4}$，且 $\alpha\in\left(\frac{3}{2}\pi,\ 2\pi\right)$，求 $\sin\alpha$ 的值.

10. 已知 α，β 均为锐角，$\sin\alpha=\frac{4\sqrt{3}}{7}$，$\cos(\alpha+\beta)=-\frac{11}{14}$，求 $\cos\beta$ 的值.

数学窗

蒲丰试验

一天，法国数学家蒲丰邀请许多朋友到家里，做了一次试验．蒲丰在桌子上铺好一张大白纸，白纸上画满了等距离的平行线，他又拿出很多等长的小针，小针的长度都是平行线的一半．蒲丰请大家把这些小针往这张白纸上随便扔，客人们都按他说的做了.

蒲丰的统计结果是：大家共掷 2 212 次，其中小针与纸上平行线相交 704 次，2 212÷704≈3.142．蒲丰说解释：这个数是 π 的近似值．每次都会得到圆周率的近似值，而且投掷的次数越多，求出的圆周率近似值越精确．这就是著名的“蒲丰试验”.

2.1.3 两角和与差的正切

知识要点

笔记

1. $\tan(\alpha+\beta)=\frac{\tan\alpha+\tan\beta}{1-\tan\alpha\tan\beta}$.

2. $\tan(\alpha-\beta)=\frac{\tan\alpha-\tan\beta}{1+\tan\alpha\tan\beta}$.

典型例题

例 1 求 $\tan 15°$的值.

解
$$\begin{aligned}\tan 15°&=\tan(45°-30°)\\&=\frac{\tan 45°-\tan 30°}{1+\tan 45°\tan 30°}\\&=\frac{1-\frac{\sqrt{3}}{3}}{1+1\times\frac{\sqrt{3}}{3}}\end{aligned}$$

$$=\frac{\sqrt{3}-1}{1+\sqrt{3}}=2-\sqrt{3}.$$

例 2　已知 $\tan\alpha$，$\tan\beta$ 是方程 $x^2+3x-5=0$ 的两个根，求 $\tan(\alpha+\beta)$ 的值.

解　由韦达定理得 $\tan\alpha+\tan\beta=-3$，$\tan\alpha\cdot\tan\beta=-5$，

$$\tan(\alpha+\beta)=\frac{\tan\alpha+\tan\beta}{1-\tan\alpha\tan\beta}=\frac{-3}{1+5}=-\frac{1}{2}.$$

基础训练

改错与反思

一、选择题

1. $\tan 105°$的值是(　　).

A. $2-\sqrt{3}$　　B. $2+\sqrt{3}$　　C. $-2-\sqrt{3}$　　D. $-2+\sqrt{3}$

2. $\dfrac{\tan 25°+\tan 35°}{1-\tan 25°\tan 35°}$的值是(　　).

A. 1　　B. $\dfrac{\sqrt{3}}{3}$　　C. $\sqrt{3}$　　D. $-\sqrt{3}$

3. $\dfrac{\sqrt{3}-\tan 15°}{1+\sqrt{3}\tan 15°}$的值是(　　).

A. 1　　B. $\dfrac{\sqrt{3}}{3}$　　C. $2-\sqrt{3}$　　D. $-\sqrt{3}$

4. 已知 $\tan\alpha=2$，$\tan\beta=\dfrac{1}{5}$，则 $\tan(\alpha-\beta)$的值是(　　).

A. $\dfrac{9}{7}$　　B. $\dfrac{11}{5}$　　C. $\dfrac{7}{9}$　　D. $-\dfrac{9}{7}$

二、填空题

5. $\tan 75°=$________.

6. $\dfrac{\tan 15°+\tan 30°}{1-\tan 15°\tan 30°}=$________.

三、解答题

7. 已知 $\tan\alpha=-2$，$\alpha\in\left(\dfrac{\pi}{2},\ \pi\right)$，求 $\tan\left(\alpha+\dfrac{\pi}{4}\right)$的值.

8. 已知 $\sin\alpha=\frac{5}{13}$，$\cos\beta=\frac{4}{5}$，且 α，β 均为锐角，求 $\tan(\alpha-\beta)$ 的值.

提高训练

9. 已知 $\alpha+\beta=\frac{\pi}{4}$，求 $(1+\tan\alpha)(1+\tan\beta)$ 的值.

10. 已知 $\tan\alpha$，$\tan\beta$ 是方程 $x^2-3\sqrt{3}x+4=0$ 的两个根，求 $\tan(\alpha+\beta)$ 的值.

数学窗

漏掉的小数点

学习数学时，不仅解题思路要正确，具体解题过程也不能出错，差之毫厘，往往谬以千里.

美国芝加哥一个靠养老金生活的老太太，在医院施行一次小手术后回家. 两星期后，她接到医院寄来的一张账单，欠款是 6 344 美元. 她看到偌大的数字，不禁大惊失色，吓得心脏病猝发，倒地身亡. 后来，有人向医院核对，原来是小数点漏掉了，实际上只需要付 63.44 美元.

漏掉一个小数点，竟要了一条人命.

2.1.4 和角公式的简单应用

知识要点

1. $\cos(\alpha+\beta)=\cos\alpha\cos\beta-\sin\alpha\sin\beta$；$\cos(\alpha-\beta)=\cos\alpha\cos\beta+\sin\alpha\sin\beta$.

2. $\sin(\alpha+\beta)=\sin\alpha\cos\beta+\cos\alpha\sin\beta$；$\sin(\alpha-\beta)=\sin\alpha\cos\beta-\cos\alpha\sin\beta$.

笔 记

3. $\tan(\alpha+\beta)=\dfrac{\tan\alpha+\tan\beta}{1-\tan\alpha\tan\beta}$；$\tan(\alpha-\beta)=\dfrac{\tan\alpha-\tan\beta}{1+\tan\alpha\tan\beta}$.

典型例题

例 1　在△ABC 中，若 $A=\dfrac{\pi}{4}$，$\cos B=\dfrac{\sqrt{10}}{10}$，求 $\sin C$ 的值.

解　由题知，$\sin A=\cos A=\dfrac{\sqrt{2}}{2}$，$\sin B=\sqrt{1-\cos^2 B}=\dfrac{3\sqrt{10}}{10}$，

$\sin C=\sin[\pi-(A+B)]=\sin(A+B)=\sin A\cos B+\cos A\sin B$

$=\dfrac{\sqrt{2}}{2}\times\dfrac{\sqrt{10}}{10}+\dfrac{\sqrt{2}}{2}\times\dfrac{3\sqrt{10}}{10}=\dfrac{2\sqrt{5}}{5}$.

例 2　求证：$\cos\alpha+\sqrt{3}\sin\alpha=2\sin\left(\dfrac{\pi}{6}+\alpha\right)$.

证明　左边$=2\left(\dfrac{1}{2}\cos\alpha+\dfrac{\sqrt{3}}{2}\sin\alpha\right)$

$=2\left(\sin\dfrac{\pi}{6}\cos\alpha+\cos\dfrac{\pi}{6}\sin\alpha\right)$

$=2\sin\left(\dfrac{\pi}{6}+\alpha\right)=$右边.

基础训练

改错与反思

一、选择题

1. $\sin 105^\circ$的值是（　　）.

A. $\dfrac{\sqrt{6}+\sqrt{2}}{4}$　　B. $\dfrac{\sqrt{6}-\sqrt{2}}{4}$　　C. $-\dfrac{\sqrt{6}+\sqrt{2}}{4}$　　D. $-\dfrac{\sqrt{6}-\sqrt{2}}{4}$

2. $\dfrac{\tan\dfrac{\pi}{4}-\tan\dfrac{\pi}{12}}{1+\tan\dfrac{\pi}{4}\tan\dfrac{\pi}{12}}$的值是（　　）.

A. $-\sqrt{3}$　　B. $\dfrac{\sqrt{3}}{3}$　　C. $-\dfrac{\sqrt{3}}{3}$　　D. $\sqrt{3}$

3. 若 $\cos\alpha=-\dfrac{12}{13}$，$\alpha\in\left(\pi,\dfrac{3\pi}{2}\right)$，则 $\sin\left(\alpha-\dfrac{\pi}{4}\right)$的值是（　　）.

A. $\dfrac{17\sqrt{2}}{26}$　　B. $-\dfrac{7\sqrt{2}}{26}$　　C. $\dfrac{7\sqrt{2}}{26}$　　D. $-\dfrac{17\sqrt{2}}{26}$

4. 已知 α，β 均为锐角，且 $\sin\alpha=\frac{3}{5}$，$\cos\beta=\frac{5}{13}$，则 $\cos(\alpha+\beta)$ 的值是（ ）.

A. $\frac{16}{65}$　　B. $\frac{21}{65}$　　C. $-\frac{16}{65}$　　D. $\frac{63}{65}$

二、填空题

5. $\sin(-15°)=$________.

6. 已知 $\tan\alpha=3$，$\tan\beta=-\frac{1}{2}$，则 $\tan(\alpha-\beta)=$________.

三、解答题

7. 已知 $\cos\alpha=-\frac{5}{13}$，且 $\alpha\in\left(\frac{\pi}{2},\ \pi\right)$，求 $\sin\left(\alpha+\frac{\pi}{6}\right)$的值.

8. 设 $\alpha\in\left(\frac{\pi}{2},\ \pi\right)$，若 $\sin\alpha=\frac{4}{5}$，求$\sqrt{2}\cos\left(\alpha+\frac{\pi}{4}\right)$的值.

提高训练

9. 在$\triangle ABC$ 中，若 $\cos A=\frac{4}{5}$，$\cos B=\frac{5}{13}$，求 $\cos C$ 的值.

10. 求证：$\cos\alpha+\sin\alpha=\sqrt{2}\cos\left(\alpha-\frac{\pi}{4}\right)$.

数学窗

巧对对联

宋代文学家苏东坡年轻时与几个学友去参加考试．他们到达时为时已晚．考官说：我出一联，你们若对得上，我就让你们进考场．

考官的上联是：一叶孤舟，坐了二三个学子，启用四桨五帆，经过六滩七湾，历尽八颠九簸，可叹十分来迟．

苏东坡对出的下联是：十年寒窗，进了九八家书院，抛却七情六欲，苦读五经四书，考了三番两次，今日一定要中．

考官与苏东坡都将一至十这十个数字嵌入对联，将读书人的艰辛与刻苦情况描写得淋漓尽致．

2.2 倍角公式

2.2.1 二倍角的正弦、余弦和正切

知识要点

笔 记

1. $\sin 2\alpha=2\sin\alpha\cos\alpha$.

2. $\cos 2\alpha=\cos^2\alpha-\sin^2\alpha=2\cos^2\alpha-1=1-2\sin^2\alpha$.

3. $\tan 2\alpha=\dfrac{2\tan\alpha}{1-\tan^2\alpha}$.

典型例题

例 1 已知 $\sin\alpha=\dfrac{3}{5}$，且 α 为第二象限角，求 $\sin 2\alpha$，$\cos 2\alpha$，$\tan 2\alpha$ 的值.

解 已知 $\sin\alpha=\dfrac{3}{5}$，α 是第二象限角.

所以 $\cos\alpha=-\sqrt{1-\sin^2\alpha}=-\sqrt{1-\left(\dfrac{3}{5}\right)^2}=-\dfrac{4}{5}$，

$\sin 2\alpha=2\sin\alpha\cos\alpha=2\times\dfrac{3}{5}\times\left(-\dfrac{4}{5}\right)=-\dfrac{24}{25}$，

$\cos 2\alpha=1-2\sin^2\alpha=1-2\times\left(\dfrac{3}{5}\right)^2=\dfrac{7}{25}$，

$\tan 2\alpha=\dfrac{\sin 2\alpha}{\cos 2\alpha}=-\dfrac{24}{7}$.

例 2 已知 α 为第二象限角，且 $\sin 2\alpha=-\dfrac{24}{25}$，则 $\cos\alpha-\sin\alpha$ 等于（　　）.

A. $\dfrac{7}{5}$　　B. $-\dfrac{7}{5}$　　C. $\dfrac{1}{5}$　　D. $-\dfrac{1}{5}$

解 $(\cos\alpha-\sin\alpha)^2=\cos^2\alpha+\sin^2\alpha-2\sin\alpha\cos\alpha=1-\sin 2\alpha=\dfrac{49}{25}$，$\alpha$ 为第二象限角，$\cos\alpha-\sin\alpha<0$，答案为 $-\dfrac{7}{5}$，故选 B.

改错与反思

基础训练

一、选择题

1. $2\sin 15^\circ\cos 15^\circ$的值是(　　).

A. $\frac{1}{2}$　　B. $\frac{\sqrt{3}}{2}$　　C. $\frac{\sqrt{3}}{4}$　　D. 1

2. $2\cos^2 22.5^\circ-1$ 的值是(　　).

A. $\frac{1}{2}$　　B. $\frac{\sqrt{2}}{2}$　　C. $-\frac{\sqrt{2}}{2}$　　D. $-\frac{1}{2}$

3. 若 $\sin\alpha=\frac{\sqrt{3}}{2}$，$\alpha\in\left(\frac{\pi}{2},\ \pi\right)$，则 $\cos 2\alpha$ 的值是(　　).

A. $\frac{1}{2}$　　B. $\frac{\sqrt{2}}{2}$　　C. $-\frac{\sqrt{2}}{2}$　　D. $-\frac{1}{2}$

4. 已知 $\sin\alpha=\frac{1}{3}$，则 $\sin^4\alpha-\cos^4\alpha$ 可化简为(　　).

A. -1　　B. $-\frac{7}{9}$　　C. $\frac{7}{9}$　　D. 1

二、填空题

5. $\sin^2\frac{\pi}{12}-\cos^2\frac{\pi}{12}=$________.

6. 已知 $\sin\alpha-\cos\alpha=\sqrt{2}$，则 $\sin 2\alpha=$________.

三、解答题

7. 已知 $\cos\alpha=-\frac{12}{13}$，$\alpha\in\left(\frac{\pi}{2},\ \pi\right)$，求 $\sin 2\alpha$，$\cos 2\alpha$，$\tan 2\alpha$ 的值.

8. 已知 $\sin 2\alpha=\frac{3}{4}$，且 α 为锐角，求 $\sin\alpha+\cos\alpha$ 的值.

提高训练

9. 已知 $\cos\alpha=-\dfrac{3}{5}$，且 $\alpha\in\left(\pi,\ \dfrac{3}{2}\pi\right)$，求 $\cos\dfrac{\alpha}{2}$的值.

10. 已知 $\cos 2\alpha=\dfrac{4}{5}$，求 $\sin 2\alpha$ 和 $\cos^4\alpha+\sin^4\alpha$ 的值.

数学窗

蝴蝶效应

气象学家洛伦兹提交了一篇论文，名叫《一只蝴蝶拍一下翅膀会不会在得克萨斯州引起龙卷风?》，论述某系统如果初期条件差一点点，结果会很不稳定，他把这种现象戏称作蝴蝶效应．就像我们投掷骰子两次，无论我们如何刻意去投掷，两次的物理现象和投出的点数也不一定是相同的．洛伦兹为何要写这篇论文呢?

这故事发生在1961年的冬天，他如往常一般在办公室操作气象计算机．平时，他只需要将温度、湿度、压力等气象数据输入，计算机就会依据三个内建的微分方程，计算出下一刻可能的气象数据，因此模拟出气象变化图．

这一天，洛伦兹想更进一步了解某段纪录的后续变化，他把某时刻的气象数据重新输入计算机，让计算机计算出更多的后续结果．当时，计算机处理数据资料的速度不快，在结果出来之前，他有足够的时间喝杯咖啡并和友人闲聊一阵．在一小时后，结果出来了，不过结果却令他目瞪口呆．结果和原资讯比较，初期数据还差不多，越到后期，数据差异就越大了，就像是不同的两组资讯．而问题并不在计算机，问题是他输入的数据差了0.000 127，而这细微的差异却造成结果之间的天壤之别．所以长期准确预测天气是不可能的．

2.2.2 二倍角公式的简单应用

笔 记

知识要点

1. $\sin 2\alpha = 2\sin\alpha\cos\alpha$，则 $\sin\alpha\cos\alpha = \frac{1}{2}\sin 2\alpha$.

2. $\cos 2\alpha = 2\cos^2\alpha - 1$，变形可得 $\cos^2\alpha = \frac{1+\cos 2\alpha}{2}$；$\cos 2\alpha = 1 - 2\sin^2\alpha$，变形可得 $\sin^2\alpha = \frac{1-\cos 2\alpha}{2}$.

3. $\tan 2\alpha = \frac{2\tan\alpha}{1-\tan^2\alpha}$，则 $\frac{\tan\alpha}{1-\tan^2\alpha} = \frac{1}{2}\tan 2\alpha$.

典型例题

例 1 利用倍角公式求值.

(1) $2\cos^2 15^\circ - 1$；

(2) $1 - 2\sin^2\frac{\pi}{12}$；

(3) $\sin\frac{\alpha}{2}\cos\frac{\alpha}{2}$；

(4) $\dfrac{\tan\frac{\pi}{8}}{1-\tan^2\frac{\pi}{8}}$.

解 (1) $2\cos^2 15^\circ - 1 = \cos 30^\circ = \frac{\sqrt{3}}{2}$.

(2) $1 - 2\sin^2\frac{\pi}{12} = \cos\frac{\pi}{6} = \frac{\sqrt{3}}{2}$.

(3) $\sin\frac{\alpha}{2}\cos\frac{\alpha}{2} = \frac{1}{2}\sin\alpha$.

(4) $\dfrac{\tan\frac{\pi}{8}}{1-\tan^2\frac{\pi}{8}} = \frac{1}{2}\tan\frac{\pi}{4} = \frac{1}{2}$.

例 2 化简：$\dfrac{\sin 2\alpha - \cos 2\alpha + 1}{1+\tan\alpha}$.

解 原式 $= \dfrac{2\sin\alpha\cos\alpha - (1-2\sin^2\alpha) + 1}{\frac{\cos\alpha}{\cos\alpha} + \frac{\sin\alpha}{\cos\alpha}}$

$= \dfrac{2\sin\alpha\cos\alpha + 2\sin^2\alpha}{\frac{\cos\alpha + \sin\alpha}{\cos\alpha}}$

$$=\frac{2\sin\alpha(\cos\alpha+\sin\alpha)}{\frac{\cos\alpha+\sin\alpha}{\cos\alpha}}$$

$$=\frac{2\sin\alpha\cos\alpha(\cos\alpha+\sin\alpha)}{\cos\alpha+\sin\alpha}$$

$$=2\sin\alpha\cos\alpha$$

$$=\sin 2\alpha.$$

基础训练

改错与反思

一、选择题

1. $\sin 45°\cos 45°$的值是(　　).

A. $\frac{1}{2}$　　B. $\frac{\sqrt{3}}{2}$　　C. $\frac{\sqrt{3}}{4}$　　D. 1

2. 已知 $\cos 2\alpha=\frac{1}{4}$，则 $\cos^2\alpha=$(　　).

A. $\frac{1}{2}$　　B. $\frac{3}{4}$　　C. $\frac{5}{8}$　　D. $\frac{3}{8}$

3. 若 $\sin\frac{\alpha}{2}=\frac{\sqrt{3}}{3}$，则 $\cos\alpha$ 的值是(　　).

A. $-\frac{1}{3}$　　B. $\frac{2}{3}$　　C. $\frac{1}{3}$　　D. $-\frac{2}{3}$

4. 已知 $\tan\alpha=-2$，则$\frac{\cos 2\alpha}{1+\sin 2\alpha}$的值为(　　).

A. -1　　B. -3　　C. -2　　D. 1

二、填空题

5. 已知 $\sin\alpha=\frac{4}{5}$，则 $\cos 2\alpha=$________.

6. 已知 $\tan\alpha=-2$，则 $\sin 2\alpha=$________.

三、解答题

7. 在$\triangle ABC$ 中，已知 $\cos A=-\frac{3}{5}$，求 $\sin\frac{A}{2}$的值.

8. 已知 $\cos(\alpha+\beta)=\frac{3}{5}$，$\cos(\alpha-\beta)=\frac{12}{13}$，$0<\beta<\alpha<\frac{\pi}{2}$，求 $\cos 2\alpha$ 的值.

提高训练

9. 求证：$1+\cos\alpha+2\sin^2\frac{\alpha}{2}=2$.

10. 已知 $\tan\alpha=2$，求 $\frac{\sin 2\alpha-\cos 2\alpha}{\cos^2\alpha}$ 的值.

数学窗

动物中的数学“天才”

蜜蜂蜂房是严格的六角柱状体，它的一端是平整的六角形开口，另一端是封闭的六棱锥形的底，由三个相同的菱形组成. 组成底盘的菱形的钝角为 $109°28'$，所有的锐角为 $70°32'$，这样既坚固又省料. 蜂房的巢壁厚为 0.073 mm，误差极小.

丹顶鹤总是成群结队迁飞，而且排成“人”字形. “人”字形的角度是 110°. 更精确地计算后，结果还表明“人”字形夹角的一半——即每边与鹤群前进方向的夹角为 $54°44'8''$！而金刚石结晶体的角度正好也是 $54°44'8''$！是巧合还是某种大自然的“默契”？

2.3 正弦型函数

2.3.1 $y=A\sin x$ 的图像和性质

知识要点

用“五点法”画 $y=\sin x$ 在$[0, 2\pi]$上的图像需要 5 个关键点，分别是$(0, 0)$，$\left(\frac{\pi}{2}, 1\right)$，$(\pi, 0)$，$\left(\frac{3\pi}{2}, -1\right)$，$(2\pi, 0)$.

一般地，$y=A\sin x$ 的图像可以看作由 $y=\sin x$ 图像上所有点的纵坐标伸长$(A>1)$或者缩短$(0<A<1)$到原来的 A 倍(横坐标不变)而得到，$y=A\sin x$ 的定义域为R，值域为$[-A, A]$，最大值为 A，最小值为$-A$.

$y=2\sin x$，$x\in\mathbf{R}$ 的值域为$[-2, 2]$；$y=\frac{1}{2}\sin x$，$x\in\mathbf{R}$ 的值域为$\left[-\frac{1}{2}, \frac{1}{2}\right]$.

典型例题

例 1 $y=5\sin x$ 的最大值为________，最小值为________.

解 5，-5.

例 2 要得到函数 $y=\frac{2}{3}\sin x$ 的图像，只要将函数 $y=\sin x$ 的图像( ).

A. 横坐标伸长为原来的$\frac{3}{2}$倍(纵坐标不变)

B. 横坐标缩短为原来的$\frac{2}{3}$(纵坐标不变)

C. 纵坐标伸长为原来的$\frac{3}{2}$倍(横坐标不变)

D. 纵坐标缩短为原来的$\frac{2}{3}$(横坐标不变)

解 $y=A\sin x$ 体现的是图像纵坐标的变化情况，又 $0<A<1$，所以，图像的纵坐标缩短为原来的$\frac{2}{3}$，故选 D.

改错与反思

基础训练

一、选择题

1. $y=\frac{1}{3}\sin x$ 的最大值是(　　).

A. 3　　B. -3　　C. $\frac{1}{3}$　　D. $-\frac{1}{3}$

2. $y=3\sin x$ 的最小值是(　　).

A. 3　　B. -3　　C. $\frac{1}{3}$　　D. $-\frac{1}{3}$

3. $y=\frac{5}{2}\sin x$ 的值域为(　　).

A. $\left[-\frac{2}{5}, \frac{2}{5}\right]$　　B. $\left[-\frac{5}{2}, \frac{5}{2}\right]$　　C. $\mathbf{R}$　　D. $[-1, 1]$

4. 要得到函数 $y=\frac{3}{2}\sin x$ 的图像，只要将函数 $y=\sin x$ 的图像(　　).

A. 横坐标伸长为原来的$\frac{3}{2}$倍(纵坐标不变)

B. 横坐标缩短为原来的$\frac{2}{3}$(纵坐标不变)

C. 纵坐标伸长为原来的$\frac{3}{2}$倍(横坐标不变)

D. 纵坐标缩短为原来的$\frac{2}{3}$(横坐标不变)

二、填空题

5. $y=-3\sin x$ 的最大值为________，最小值为________.

6. 当 $x=$________时，$y=4\sin x$ 取得最大值________.

三、解答题

7. 不画图，指出下列函数的最大值和最小值.

(1) $y=\frac{4}{5}\sin x$；　　(2) $y=\frac{7}{3}\sin x$.

8. 指出函数 $y=\sin x$ 的图像经过怎样的变化可以得到函数 $y=\frac{2}{3}\sin x$ 的图像.

提高训练

9. 用“五点法”作出函数 $y=3\sin x$ 在一个周期内的图像.

10. 求 $y=4\sin x\cos x$ 的最大值.

2.3.2　$y=\sin \omega x$ 的图像和性质

知识要点

1. 一般地，$y=\sin \omega x$ 的图像可以看作由 $y=\sin x$ 图像上所有点的横坐标缩短($\omega>1$)或者伸长($0<\omega<1$)到原来的 $\frac{1}{\omega}$ 倍(纵坐标不变)得到，$y=\sin \omega x$ 的定义域为 **R**，值域为$[-1, 1]$，其中 ω 决定周期，最小正周期 $T=\frac{2\pi}{\omega}$.

2. $y=\sin 2x$ 的最小正周期为 π；$y=\sin \frac{1}{2}x$ 的最小正周期为 4π.

典型例题

例 1　$y=\sin 3x$ 的值域为________，最小正周期为________.

解　$[-1, 1]$，$T=\frac{2\pi}{\omega}=\frac{2\pi}{3}$.

例 2　若函数 $y=A\sin \omega x(A>0, \omega>0)$的最大值为 2，最小正周期为 6π，则 A 和 ω 的值分别为(　　).

笔记

A. 2，3　　B. 2，$\frac{1}{3}$　　C. -2，2　　D. 2，$\frac{1}{6}$

解　最大值为 $A=2$，最小正周期 $T=\frac{2\pi}{\omega}=6\pi$，$\omega=\frac{1}{3}$，故选 B.

基础训练

改错与反思

一、选择题

1. $y=\sin\frac{1}{3}x$ 的最小正周期是(　　).

A. π　　B. 3π　　C. 6π　　D. 2π

2. $y=\sin 5x$ 的最小正周期是(　　).

A. 5π　　B. 2π　　C. $\frac{2\pi}{5}$　　D. 10π

3. $y=3\sin 2x$ 的最小正周期和最大值分别为(　　).

A. $\frac{\pi}{4}$，2　　B. $\frac{\pi}{2}$，3　　C. π，2　　D. π，3

4. 若函数 $y=3\sin\omega x(\omega>0)$的最小正周期为$\frac{\pi}{2}$，则 ω 的值为(　　).

A. 1　　B. 2　　C. 4　　D. 8

二、填空题

5. 函数 $y=2\sin 4x$ 的最小正周期为________，最大值为________，最小值为________.

6. 函数 $y=\sin x\cos x$ 的最小正周期为________，最大值为________，最小值为________.

三、解答题

7. 不画图，指出下列函数的最小正周期以及最大值和最小值.

(1)$y=3\sin 4x$；　　(2)$y=\frac{5}{3}\sin\frac{x}{2}$.

8. 指出函数 $y=\sin x$ 的图像经过怎样的变化可以得到函数 $y=\sin 4x$ 的图像.

提高训练

9. 用“五点法”作出函数 $y=\sin\dfrac{1}{3}x$ 在一个周期内的图像.

10. 求 $y=\sin\dfrac{x}{2}\cos\dfrac{x}{2}$ 的最小正周期和最值.

数学窗

阿基米德定律

国王做了一顶金王冠，他怀疑工匠用银子偷换了一部分金子，便要阿基米德鉴定它是不是纯金制的，且不能损坏王冠. 阿基米德捧着这顶王冠整天苦苦思索，有一天，阿基米德去浴室洗澡，他跨入浴桶，随着身子浸入浴桶，一部分水就从桶边溢出，阿基米德看到这个现象，头脑中像闪过一道闪电：我找到了！

阿基米德拿一块金块和一块重量相等的银块，分别放入一个盛满水的容器中，发现银块排出的水多得多. 于是阿基米德拿了与王冠重量相等的金块，放入盛满水的容器里，测出排出的水量；再把王冠放入盛满水的容器里，看看排出的水量是否一样，问题就解决了. 随着进一步研究，沿用至今的流体力学的最重要的基石——阿基米德定律诞生了.

2.3.3 $y=\sin(x+\varphi)$的图像和性质

知识要点

笔记

1. 一般地，$y=\sin(x+\varphi)$的图像可以看作由 $y=\sin x$ 图像上所有点向左($\varphi>0$)或者向右($\varphi<0$)平移$|\varphi|$个单位长度得到. (“**左加右减**”)

2. $y=\sin\left(x-\dfrac{\pi}{3}\right)$的图像可以看作由 $y=\sin x$ 图像上所有的点向右平移$\dfrac{\pi}{3}$个单位长度得到.

3. $y=\sin\left(x+\frac{\pi}{4}\right)$的图像可以看作由 $y=\sin x$ 图像上所有的点向左平移 $\frac{\pi}{4}$个单位长度得到.

典型例题

例 1　函数 $y=\sin\left(x+\frac{2\pi}{3}\right)$的图像可以由函数 $y=\sin x$ 的图像(　　)得到.

A. 向左平移$\frac{2\pi}{3}$个单位　　B. 向右平移$\frac{2\pi}{3}$个单位

C. 向左平移$\frac{2}{3}$个单位　　D. 向右平移$\frac{2}{3}$个单位

解　因为 $\varphi=\frac{2\pi}{3}>0$，根据“左加右减”规律，所以图像向左平移了$\frac{2\pi}{3}$个单位，故选 A.

例 2　函数 $y=\sin\left(2x+\frac{\pi}{3}\right)$的图像可以由函数 $y=\sin 2x$ 的图像(　　)得到.

A. 向左平移$\frac{\pi}{3}$个单位　　B. 向右平移$\frac{\pi}{3}$个单位

C. 向左平移$\frac{\pi}{6}$个单位　　D. 向右平移$\frac{\pi}{6}$个单位

解　平移时，若 x 的系数不是 1，需要把 x 的系数先提出，提出后括号中 x 的加或减的那个数才是平移的量，即 $2x+\frac{\pi}{3}=2\left(x+\frac{\pi}{6}\right)$，又根据方向规律“左加右减”，故选 C.

基础训练

改错与反思

一、选择题

1. 要得到 $y=\sin\left(x-\frac{\pi}{3}\right)$的图像，只要将 $y=\sin x$ 的图像(　　).

A. 向左平移$\frac{\pi}{3}$个单位　　B. 向右平移$\frac{\pi}{3}$个单位

C. 向左平移$\frac{\pi}{6}$个单位　　D. 向右平移$\frac{\pi}{6}$个单位

2. 要得到 $y=\sin\left(x+\frac{\pi}{6}\right)$ 的图像，只要将 $y=\sin x$ 的图像(　　).

A. 向左平移$\frac{\pi}{3}$个单位　　B. 向右平移$\frac{\pi}{3}$个单位

C. 向左平移$\frac{\pi}{6}$个单位　　D. 向右平移$\frac{\pi}{6}$个单位

3. 函数 $y=\sin\left(3x+\frac{\pi}{6}\right)$ 的值域和最小正周期分别为(　　).

A. $[-2, 2]$，$\frac{2\pi}{3}$　　B. $[-2, 2]$，$\frac{3\pi}{2}$

C. $[-1, 1]$，$\frac{2\pi}{3}$　　D. $[-1, 1]$，$\frac{3\pi}{2}$

4. 要得到 $y=\sin(2x+1)$ 的图像，只要将 $y=\sin 2x$ 的图像(　　).

A. 向左平移$\frac{1}{2}$个单位　　B. 向右平移$\frac{1}{2}$个单位

C. 向左平移 1 个单位　　D. 向右平移 1 个单位

二、填空题

5. 函数 $y=-3\sin\left(4x+\frac{\pi}{6}\right)$ 的最小正周期为________，最大值为________，最小值为________.

6. 将函数 $y=\sin x$ 的图像向右平移 $\varphi(0\leqslant\varphi\leqslant 2\pi)$ 个单位后，得到 $y=\sin\left(x-\frac{\pi}{6}\right)$ 的图像，则 $\varphi=$________.

三、解答题

7. 求函数 $y=3\sin\left(x-\frac{\pi}{2}\right)$ 的最大值与最小值，并求出相应的 x 的值.

8. 指出函数 $y=\sin x$ 的图像经过怎样的变化可以得到函数 $y=2\sin\left(x+\frac{\pi}{2}\right)$ 的图像.

提高训练

9. 用“五点法”作出函数 $y=\sin\left(x-\frac{\pi}{4}\right)$ 的图像.

10. 已知函数 $y=\sin\left(x+\frac{\pi}{6}\right)$，求：

(1)函数的最小正周期；

(2)函数的增区间.

数学窗

韩信点兵

韩信是我历史上著名的军事家，曾经统率过千军万马，他对手下士兵的数目了如指掌. 他统计士兵数目有个独特的方法，后人称为“韩信点兵”. 他的方法是这样的，部队集合齐后，他让士兵按从 1 到 3，从 1 到 5，从 1 到 7 三种方式报三次数，然后把每次的余数再报告给他，他便知道部队的实际人数和缺席人数. 他的这种计算方法历史上还称为“鬼谷算”“隔墙算”“剪管术”，外国人则叫“中国剩余定理”.

2.3.4　$y=A\sin(\omega x+\varphi)$的图像和性质

知识要点

笔　记

1. 正弦型函数 $y=A\sin(\omega x+\varphi)(A>0,\ \omega\neq0)$，其中 A 为**振幅**，ω 为**角速度**，φ 为**初相**.

2. 正弦型函数 $y=A\sin(\omega x+\varphi)(A>0,\ \omega\neq0)$，定义域为 $\mathbf{R}$，值域为 $[-A,\ A]$，最大值为 A，最小值为 $-A$，最小正周期为 $\frac{2\pi}{|\omega|}$，频率为

$\frac{|\omega|}{2\pi}$.

3. 函数 $y=a\sin x+b\cos x$ 的最大值为$\sqrt{a^2+b^2}$，最小值为$-\sqrt{a^2+b^2}$.

典型例题

例 1 $y=2\sin\left(2x+\frac{\pi}{3}\right)$的振幅、最小正周期和初相分别为(　　).

A. 2，π，$-\frac{\pi}{3}$　　B. 2，π，$\frac{\pi}{3}$

C. 2，π，$-\frac{\pi}{6}$　　D. 2，π，$\frac{\pi}{6}$

解 振幅 $A=2$，周期 $T=\frac{2\pi}{\omega}=\frac{2\pi}{2}=\pi$，初相 $\varphi=\frac{\pi}{3}$，故选 B.

例 2 函数 $y=3\sin 2x+4\cos 2x$ 的最小正周期和值域分别为(　　).

A. π，[−4，4]　　B. 2π，[−3，3]

C. π，[−5，5]　　D. 2π，[−5，5]

解 可将 $y=3\sin 2x+4\cos 2x$ 化成 $y=\sqrt{3^2+4^2}\sin(2x+\varphi)$，根据正弦型函数的性质即可求解，故选 C.

基础训练

改错与反思

一、选择题

1. 函数 $y=2+\sin 2x$ 的最小正周期为(　　).

A. $\frac{\pi}{4}$　　B. $\frac{\pi}{2}$　　C. π　　D. 2π

2. 下列函数中，最小正周期为$\frac{\pi}{2}$的函数为(　　).

A. $y=\sin 2x$　　B. $y=\sin x$　　C. $y=\sin 4x$　　D. $y=\sin\frac{x}{2}$

3. $y=6\sin x+8\cos x$ 的最小值为(　　).

A. 14　　B. −14　　C. 10　　D. −10

4. 函数 $f(x)=3\sin^2 x$ 的最小正周期为(　　).

A. $\frac{\pi}{2}$　　B. π　　C. 2π　　D. 4π

二、填空题

5. $y=\sqrt{3}\sin x+\cos x$ 的最大值为________.

6. $y=-\sin\left(2x-\frac{\pi}{5}\right)$的最小正周期为________，最大值为________，最小值为________.

三、解答题

7. 求下列函数的最小正周期、最大值和最小值.

(1) $y=4\sin\frac{x}{3}$；

(2) $y=5\sin\left(6x-\frac{\pi}{2}\right)$；

(3) $y=\sin 3x+\cos 3x$；

(4) $y=\sqrt{3}\sin\frac{x}{2}+\cos\frac{x}{2}$.

8. 指出函数 $y=\sin x$ 的图像经过怎样的变化可以得到函数 $y=5\sin\left(\frac{1}{3}x-\frac{\pi}{4}\right)$的图像.

提高训练

9. 求函数 $y=\frac{\sqrt{3}}{2}\sin x+\frac{1}{2}\cos x$ 的最小正周期、最大值和最小值.

10. 已知函数 $y=\sqrt{3}\sin\omega x-\cos\omega x$ 的最小正周期为 π.

(1)求函数的最大值及 ω 的值.

(2)求函数的单调递减区间.

数学窗

莫比乌斯带

每一张纸均有两个面和一个边界，如果要使一只蚂蚁能够不越过边界就可从纸的一面到达另一面，这有可能吗？事实上是可能的，只要把一条纸带半扭转，再把两头粘上就行了．这是德国数学家莫比乌斯(Mobius，1790—1868)在1858年发现的，那种纸带被称为莫比乌斯带．这个发现让数学的分支拓扑学得到了蓬勃发展．

笔　记

2.4　解三角形

2.4.1　正弦定理

知识要点

1. 解直角三角形.

(1)勾股定理：$a^2+b^2=c^2$.

(2)边角关系：$\sin A=\cos B=\dfrac{a}{c}$，$\cos A=\sin B=\dfrac{b}{c}$.（$c$ 为直角边）

2. 正弦定理：$\dfrac{a}{\sin A}=\dfrac{b}{\sin B}=\dfrac{c}{\sin C}$.

注意：(1)已知两角和一边，求其余两边与第三个角；

(2)已知两边和其中一边所对的角，求其余两角与第三条边.

典型例题

例 1　在△ABC 中，已知 $AB=15$，$AC=10$，$C=60°$，求 $\sin B$.

解　由正弦定理$\dfrac{c}{\sin C}=\dfrac{b}{\sin B}$得$\dfrac{AB}{\sin C}=\dfrac{AC}{\sin B}$，即$\dfrac{15}{\frac{\sqrt{3}}{2}}=\dfrac{10}{\sin B}$，所以

$\sin B=\dfrac{\sqrt{3}}{3}$.

例 2　在△ABC 中，已知 $A=75°$，$C=45°$，$b=6$，求 B，a，c.

解　由三角形内角和定理得 $B=180°-A-C=180°-75°-45°=60°$，

由正弦定理$\dfrac{a}{\sin A}=\dfrac{b}{\sin B}=\dfrac{c}{\sin C}$，

得 $a=\dfrac{b\sin A}{\sin B}=\dfrac{6\times\sin 75°}{\sin 60°}=3\sqrt{2}+\sqrt{6}$，

$c=\dfrac{b\sin C}{\sin B}=\dfrac{6\times\sin 45°}{\sin 60°}=2\sqrt{6}$.

基础训练

改错与反思

一、选择题

1. 在△ABC 中，内角 A，B，C 所对的边分别为 a，b，c，若 $B=\dfrac{\pi}{3}$，

$b=3$，$c=\sqrt{3}$，则 C 等于(　　).

A. $\frac{\pi}{6}$　　B. $\frac{\pi}{4}$　　C. $\frac{3\pi}{4}$　　D. $\frac{\pi}{3}$

2. 在$\triangle ABC$中，$A=105°$，$B=45°$，则$\frac{AC}{AB}=$(　　).

A. $\frac{\sqrt{6}}{2}$　　B. $\frac{\sqrt{2}}{2}$　　C. $\sqrt{2}$　　D. $\frac{\sqrt{6}}{3}$

3. 在锐角三角形 ABC 中，$AB=4$，$AC=6$，$B=30°$，则 $\cos C=$(　　).

A. $\frac{3}{4}$　　B. $\frac{1}{3}$　　C. $\pm\frac{2\sqrt{2}}{3}$　　D. $\frac{2\sqrt{2}}{3}$

4. 已知$\triangle ABC$中，$BC=2$，$AC=3$，$\cos B=-\frac{4}{5}$，则 $\sin A=$(　　).

A. $\frac{4}{5}$　　B. $\frac{3}{5}$　　C. $\frac{2}{5}$　　D. $\frac{1}{5}$

二、填空题

5. 在$\triangle ABC$中，已知 $AC=\sqrt{2}AB$，且 $B=45°$，则 $\sin C=$________，$C=$________.

6. 在$\triangle ABC$中，已知 $b=2\sqrt{3}$，$c=2\sqrt{2}$，$B=60°$，则 $C=$________.

三、解答题

7. 在$\triangle ABC$中，已知 $A=60°$，$C=75°$，$BC=\sqrt{6}$，求 AC 的长.

8. 在$\triangle ABC$中，已知 $a=2$，$b=\sqrt{2}$，$B=30°$，求 C.

提高训练

9. 在锐角三角形 ABC 中，已知内角 A，B，C 所对应的边 a，b，c，若 $2b\sin C=\sqrt{3}c$，求 B.

10. 在$\triangle ABC$ 中，$\cos A=\frac{12}{13}$，$\cos C=-\frac{3}{5}$，若 $AC=8$，求 BC 的长.

数学窗

正弦定理的几何推导方法

历史上，正弦定理的几何推导方法丰富多彩. 根据其思路特征，主要可以分为两种.

第一种方法可以称为“同径法”，最早为 13 世纪阿拉伯数学家、天文学家纳绥尔丁和 15 世纪德国数学家雷格蒙塔努斯所采用. “同径法”是将三角形两个内角的正弦看作半径相同的圆中的正弦线(16 世纪以前，三角函数被视为线段而非比值)，利用相似三角形性质得出两者之比等于角的对边之比. 纳绥尔丁同时延长两个内角的对边，构造半径同时大于两边的圆. 雷格蒙塔努斯将纳绥尔丁的方法进行简化，只延长两边中的较短边，构造半径等于较长边的圆. 17—18 世纪，中国数学家、天文学家梅文鼎和英国数学家辛普森各自独立地简化了“同径法”. 18 世纪初，“同径法”又演化为“直角三角形法”，这种方法只需要作出三角形的高线，利用直角三角形的边角关系，即可得出正弦定理. 19 世纪，英国数学家伍德豪斯开始统一取 $R=1$，相当于用比值来表示三角函数，得到今天普遍采用的“作高法”.

第二种方法为“外接圆法”，最早为 16 世纪法国数学家韦达所采用. 韦达没有讨论钝角三角形的情形，后世数学家对此作了补充.

2.4.2 余弦定理

笔 记

知识要点

1. 余弦定理：$\begin{cases} a^2=b^2+c^2-2bc\cos A, \\ b^2=a^2+c^2-2ac\cos B, \\ c^2=a^2+b^2-2ab\cos C. \end{cases}$

注意：(1)已知两边及夹角求第三边；

(2)已知三边求角.

2. 推论：$\begin{cases} \cos A=\dfrac{b^2+c^2-a^2}{2bc}, \\ \cos B=\dfrac{a^2+c^2-b^2}{2ac}, \\ \cos C=\dfrac{a^2+b^2-c^2}{2ab}. \end{cases}$

典型例题

例 1 在△ABC 中，已知 $a=4$，$b=7$，$c=5$. 判断△ABC 的形状.

分析 在△ABC 中，由“大边对大角”可知 B 是最大角. 求出其余弦值，若其值大于 0，则△ABC 是锐角三角形，若其值小于 0，则△ABC 是钝角三角形.

解 由余弦定理的推论 $\cos B=\dfrac{a^2+c^2-b^2}{2ac}$ 得 $\cos B=\dfrac{4^2+5^2-7^2}{2\times4\times5}=-\dfrac{1}{5}<0$，所以△$ABC$ 是钝角三角形.

例 2 在△ABC 中，若 $\cos\dfrac{A}{2}=\dfrac{\sqrt{5}}{5}$，$AB=5$，$AC=1$，求 BC.

解 由二倍角公式得 $\cos A=2\cos^2\dfrac{A}{2}-1=2\times\left(\dfrac{\sqrt{5}}{5}\right)^2-1=-\dfrac{3}{5}$.

根据余弦定理 $a^2=b^2+c^2-2bc\cos A$，得 $BC^2=AC^2+AB^2-2AC\cdot AB\cos A=1^2+5^2-2\times1\times5\times\left(-\dfrac{3}{5}\right)=32$，

所以 $BC=4\sqrt{2}$.

改错与反思

基础训练

一、选择题

1. 已知$\triangle ABC$中，$a=5$，$b=6$，$c=8$，则$\triangle ABC$为(　　).

A. 锐角三角形　　B. 直角三角形

C. 钝角三角形　　D. 形状不能确定

2. 在$\triangle ABC$中，已知$a=2$，$b=\sqrt{7}$，$c=3$，则$B=$(　　).

A. $\frac{\pi}{6}$　　B. $\frac{\pi}{4}$　　C. $\frac{\pi}{3}$　　D. $\frac{2\pi}{3}$

3. 在$\triangle ABC$中，若$b=7$，$c=8$，且$\cos A=\frac{13}{14}$，则$\triangle ABC$的周长为(　　).

A. 18　　B. 20　　C. $15+\sqrt{61}$　　D. $15+\sqrt{217}$

4. 在$\triangle ABC$中，$AB=7$，$BC=3$，$AC=5$，则$C=$(　　).

A. 150°　　B. 120°　　C. 60°　　D. 30°

二、填空题

5. 在$\triangle ABC$中，已知$b=3$，$c=5$，$A=60^\circ$，则$a=$________.

6. 在$\triangle ABC$中，已知$a=10$，$b=6$，$c=5$，则$\triangle ABC$的形状是________.

三、解答题

7. 在$\triangle ABC$中，已知$AB=8$，$BC=6$，$B=60^\circ$，求AC的长.

8. 在$\triangle ABC$中，已知$AB=5$，$AC=7$，A为锐角，且$\cos A$是方程$7x^2+13x-2=0$的一个根. 求BC的长度.

提高训练

9. 在△ABC 中，已知 $a=8$，$b=4$，$c=6$，求 $\sin A$.

10. 在△ABC 中，$AC=b$，$AB=c$，已知 b，c 是方程 $x^2-3x+2=0$ 的两个根，且 $2\cos(B+C)=1$. 求：

(1)A；

(2)BC 的长.

数学窗

希尔伯特和黎曼猜想

希尔伯特(Hilbert)曾有一个学生，给了他一篇证明黎曼(Riemann)猜想的论文，尽管其中有个无法挽回的错误，希尔伯特还是被深深地吸引了. 第二年，这个学生不幸去世了，希尔伯特要求在葬礼上做一个演说. 那天，风雨瑟瑟，这个学生的家属们哀悼不已. 希尔伯特开始致辞，首先指出，这样的天才这么早离开我们实在是痛惜呀，众人同感，哭得越来越伤心. 接下来，希尔伯特说，尽管这个人的证明有错，但是如果按照这条路走，应该有可能证明黎曼猜想，再接下来，希尔伯特继续热烈地冒雨讲：事实上，让我们考虑一个单变量的复函数……众人皆倒.

2.4.3 三角形的面积公式

知识要点

1. $S_{\triangle ABC}=\frac{1}{2}\times$底$\times$高.

2. $S_{\triangle ABC}=\frac{1}{2}bc\sin A=\frac{1}{2}ac\sin B=\frac{1}{2}ab\sin C$.

笔 记

典型例题

例 1　在$\triangle ABC$中，已知$a=4$，$b=3$，且$a^2+b^2=c^2+ab$，求$S_{\triangle ABC}$.

解　因为$a^2+b^2=c^2+ab$，所以$a^2+b^2-c^2=ab$，

所以$\frac{a^2+b^2-c^2}{ab}=1$，所以$\frac{a^2+b^2-c^2}{2ab}=\frac{1}{2}$，

由余弦定理的推论$\cos C=\frac{a^2+b^2-c^2}{2ab}$得$\cos C=\frac{1}{2}$，所以$C=60°$.

所以$S_{\triangle ABC}=\frac{1}{2}ab\sin C=\frac{1}{2}\times 4\times 3\times \sin 60°=3\sqrt{3}$.

例 2　在$\triangle ABC$中，已知$AB=3$，$AC=4\sqrt{3}$，A为锐角，且$\cos A$是一元二次方程$6x^2-x-2=0$的一个根，求$\triangle ABC$的面积.

解　由方程$6x^2-x-2=0$得$x_1=-\frac{1}{2}$，$x_2=\frac{2}{3}$.

又因为A为锐角，所以$\cos A>0$，所以$\cos A=\frac{2}{3}$，

所以$\sin A=\sqrt{1-\cos^2 A}=\sqrt{1-\left(\frac{2}{3}\right)^2}=\frac{\sqrt{5}}{3}$，

所以$S_{\triangle ABC}=\frac{1}{2}bc\sin A=\frac{1}{2}\times 4\sqrt{3}\times 3\times \frac{\sqrt{5}}{3}=2\sqrt{15}$.

基础训练

改错与反思

一、选择题

1. 在$\triangle ABC$中，已知$b=6$，$c=8$，$A=120°$，则$\triangle ABC$的面积是(　　).

A. $12\sqrt{3}$　　B. 24　　C. $24\sqrt{3}$　　D. $48\sqrt{3}$

2. 在$\triangle ABC$中，已知$a=3$，$b=\sqrt{2}$，$C=\frac{\pi}{6}$，则$\triangle ABC$的面积是(　　).

A. $3\sqrt{2}$　　B. $\frac{3\sqrt{2}}{2}$　　C. $\frac{3\sqrt{2}}{4}$　　D. $\frac{3\sqrt{6}}{4}$

3. 在$\triangle ABC$中，已知$a=3$，$c=4$，$B=120°$，则$\triangle ABC$的面积是(　　).

A. $9\sqrt{3}$　　B. $6\sqrt{3}$　　C. $3\sqrt{3}$　　D. $\frac{3\sqrt{3}}{2}$

4. 已知△ABC的面积是$\frac{3}{2}$，$a=2$，$c=\sqrt{3}$，则B等于(　　).

A. 30°　　B. 60°　　C. 30°或150°　　D. 60°或120°

二、填空题

5. 在△ABC中，已知$b=3$，$c=4$，$A=60°$，则$S_{\triangle ABC}=$________.

6. 在△ABC中，已知$a=\sqrt{3}$，$b=1$，$c=2$，则$S_{\triangle ABC}=$________.

三、解答题

7. 在△ABC中，已知$AB=5$，$AC=7$，A为锐角，且$\cos A$是方程$7x^2+13x-2=0$的一个根. 求△ABC的面积.

8. 在△ABC中，已知$AC=2$，$C=60°$. 若△ABC的面积为$3\sqrt{3}$，求AB.

提高训练

9. 在△ABC中，已知$a=3\sqrt{7}$，$b=6$，$A=120°$. 求△ABC的面积.

10. 在△ABC中，已知$A=60°$，$C=75°$，$BC=\sqrt{6}$. 求△ABC的面积.

数学窗

闵可夫斯基与四色定理

一次拓扑课，闵可夫斯基(Minkowski)向学生们自负地宣称：这个定理(四色定理)没有被证明的重要原因是至今只有一些三流的数学家在这上面花过时间．下面我就来证明它．这节课结束的时候，没有证完，到下一次课的时候，闵可夫斯基继续证明，一连几个星期过去了，还没有证明完．一个阴霾的早上，闵可夫斯基跨入教室，恰好一道闪电划过长空，雷声震耳，闵可夫斯基很严肃地说，上天被我的骄傲激怒了，我的证明是不完全的．

2.4.4　正弦定理、余弦定理的简单应用

笔 记

知识要点

正弦定理、余弦定理、三角形面积公式的简单应用．

典型例题

例 1　在$\triangle ABC$中，已知$a=\sqrt{3}$，$b=3$，$B=120^\circ$，求A及面积．

解　因为$\frac{a}{\sin A}=\frac{b}{\sin B}$，所以$\sin A=\frac{a\sin B}{b}=\frac{\sqrt{3}\sin 120^\circ}{3}=\frac{1}{2}$，

因为$0^\circ<A<180^\circ$，所以$A=30^\circ$或$A=150^\circ$，

但当$A=150^\circ$时，$A+B=270^\circ>180^\circ$，不合题意，应舍去．

所以$A=30^\circ$，

所以$C=180^\circ-(A+B)=180^\circ-150^\circ=30^\circ$，

所以$S_{\triangle ABC}=\frac{1}{2}ab\sin C=\frac{1}{2}\times\sqrt{3}\times 3\sin 30^\circ=\frac{3\sqrt{3}}{4}$．

例 2　在$\triangle ABC$中，已知$b=6$，$c=4$，A为锐角，且$\cos A$是方程$4x^2-1=0$的一个根，求$\triangle ABC$的周长和面积．

解　因为$4x^2-1=0$，所以$x=\pm\frac{1}{2}$，又因为A为锐角，所以$\cos A=\frac{1}{2}$．

因为$a^2=b^2+c^2-2bc\cos A$，

所以$a=\sqrt{6^2+4^2-2\times 6\times 4\times\frac{1}{2}}=2\sqrt{7}$，

所以$\triangle ABC$的周长为$10+2\sqrt{7}$．

因为$\cos A=\frac{1}{2}$，所以$\sin A=\frac{\sqrt{3}}{2}$．

所以$S_{\triangle ABC}=\frac{1}{2}bc\sin A=\frac{1}{2}\times 6\times 4\times\frac{\sqrt{3}}{2}=6\sqrt{3}$．

基础训练

改错与反思

一、选择题

1. $\triangle ABC$ 中，$B=120°$，$AC=2\sqrt{3}$，$BC=2$，则 AB 边长为(　　).

A. 4　　B. $\sqrt{3}$　　C. 2　　D. 1

2. 已知$\triangle ABC$ 中，$AB=7$，$AC=5$，$\cos A=\frac{1}{5}$，则 $S_{\triangle ABC}=$(　　).

A. 7　　B. $7\sqrt{2}$　　C. $7\sqrt{3}$　　D. $7\sqrt{6}$

3. 在$\triangle ABC$ 中，已知 $B=30°$，$b=8$，$c=8\sqrt{3}$，则 $S_{\triangle ABC}$ 等于(　　).

A. 16　　B. $32\sqrt{3}$　　C. 16 或 $32\sqrt{3}$　　D. $16\sqrt{3}$或 $32\sqrt{3}$

4. 在$\triangle ABC$ 中，$C=45°$是$\frac{b}{\sin B}=\frac{c}{\cos C}$的(　　).

A. 充分条件　　B. 必要条件

C. 充要条件　　D. 既不充分又不必要条件

二、填空题

5. 在$\triangle ABC$ 中，已知 $b=4\sqrt{3}$，$c=2\sqrt{6}$，$C=30°$，则 $B=$________.

6. 在$\triangle ABC$ 中，已知 $A=120°$，$b=3$，$c=1$，则 $a=$________，$S_{\triangle ABC}=$________.

三、解答题

7. 已知锐角三角形 ABC 的面积为 $5\sqrt{3}$，$AB=4$，$BC=5$，求：

(1)角 B 的度数；

(2)边 AC 的长.

8. 在$\triangle ABC$ 中，$AC=b$，$AB=c$，已知 b，c 是方程 $x^2-3x+2=0$ 的两个根，且 $2\cos(B+C)=1$，求$\triangle ABC$ 的面积.

提高训练

9. 在$\triangle ABC$中，已知$AB=8$，$BC=6$，$B=60°$，求C的正弦值.

10. 在$\triangle ABC$中，$C=\frac{\pi}{4}$，$AB=4$，设$A=x$，$AC=y$.

(1)写出x，y之间的函数关系式；

(2)当x为何值时，函数值y最大，此时$\triangle ABC$的面积为多少？

2.5 三角计算应用举例

典型例题

例 1 如图 2-1 所示，两个灯塔 A，B 相距 10 n mile，B 在 A 的北偏东 30°方向上. 从游船 C 上看，A 在它的正南方向，B 在它的正东北方向，求 BC 的距离.（结果保留整数）

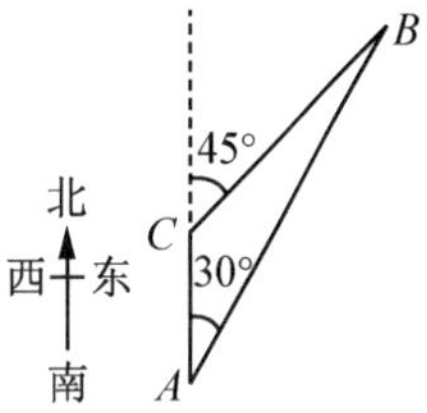

图 2-1

解 由题可知 $AB=10$n mile，$A=30°$，$\angle ACB=135°$，

根据正弦定理$\frac{a}{\sin A}=\frac{c}{\sin C}$得$\frac{a}{\sin 30°}=\frac{10}{\sin 135°}$，

解得 $BC=5\sqrt{2}$ n mile≈ 7 n mile，

所以 BC 的距离约为 7 n mile.

例 2 如图 2-2 所示，一艘游船由港口 B 出发，航行 20 n mile 到达 C，现测得港口 B 在 C 的南偏东 40°的方向上，灯塔 A 在 C 的北偏东 20°的方向上，已知 AB 的距离为 30 n mile，求 AC 的距离.

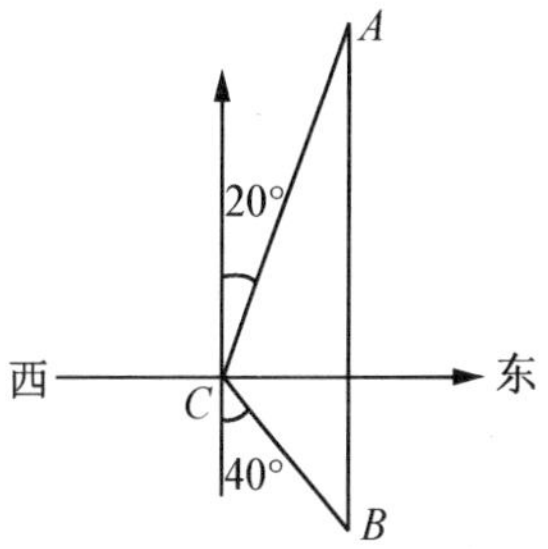

图 2-2

解 由题可知 $\angle ACB=120°$，$BC=20$ n mile，$AB=30$ n mile.

由余弦定理 $c^2=a^2+b^2-2ab\cos C$ 得 $30^2=20^2+AC^2-2\times 20AC\cos 120°$，解得 $AC=10(\sqrt{6}-1)$n mile.

所以 AC 的距离是 $10(\sqrt{6}-1)$n mile.

基础训练

一、选择题

1. 如图 2-3 所示，太阳光线与地面成 60°角，一棵倾斜的大树与地面成 30°角，这时测得大树在地面上的影子为 10 m，则大树的高为(　　).

A. $10\sqrt{3}$ m　　B. $9\sqrt{3}$ m

C. 8 m　　D. 7 m

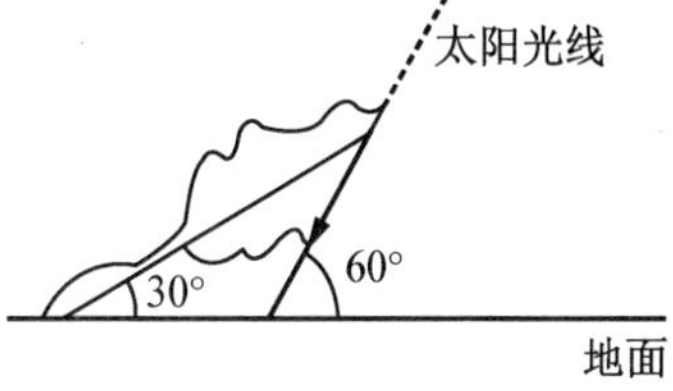

图 2-3

改错与反思

2. 如图 2-4 所示，一艘游船在海面点 O 处测得灯塔 A 在北偏东 30°的方向上，该船沿北偏东 75°方向以 10 n mile/h 的速度行驶，2 h 后到达 B 处，此时测得灯塔 A 在正北方向上. 则 AB 的距离是(　　).

A. 20 n mile　　　　B. $20\sqrt{2}$ n mile

C. $20\sqrt{3}$ n mile　　　　D. $20\sqrt{6}$ n mile

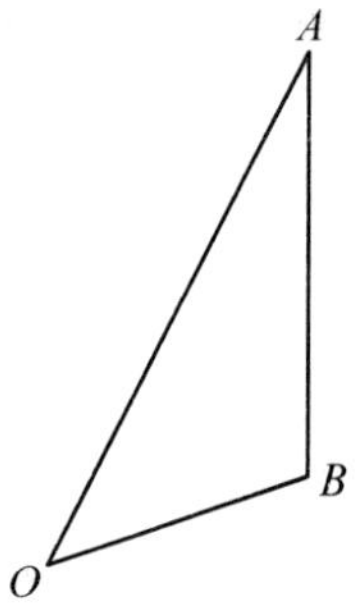

图 2-4

3. 如图 2-5 所示，小河两岸的两点 A，B，测量者在 A 的同侧选定 C 点，测得 $AC=20$ m，$C=45°$，$A=105°$，则 $AB=$(　　).

A. 20 m　　　　B. $20\sqrt{2}$ m

C. $20\sqrt{3}$ m　　　　D. $20\sqrt{6}$ m

4. 如图 2-6 所示，某城市规划建设一个四边形的公园，测得 $AB=BC=6$ km，$AD=8$ km，$A=60°$，$C=120°$，则这个公园的面积为(　　).

A. 30 km^2　　　　B. $30\sqrt{3}$ km^2

C. 15 km^2　　　　D. $15\sqrt{3}$ km^2

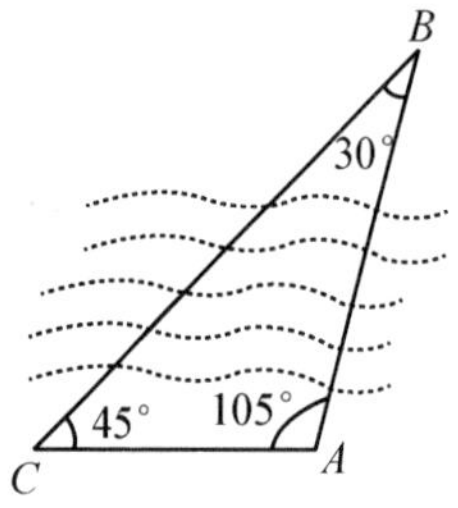

图 2-5

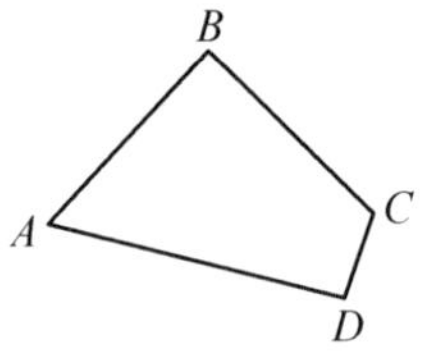

图 2-6

二、填空题

5. 如图 2-7 所示，海上有 A，B，C 3 个小岛，其中 A，B 相距 15 n mile，从 A 望 B 和 C 成 45°的角，从 B 望 A 和 C 成 75°的角，则 B 和 C 的距离为________ n mile.

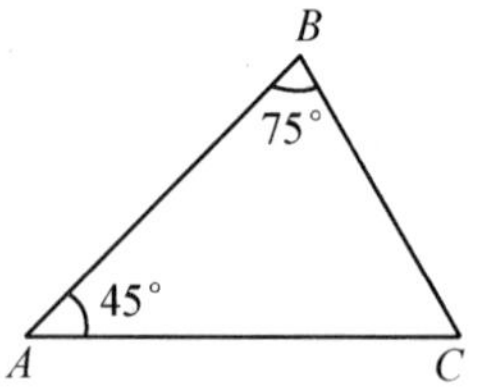

图 2-7

6. 如图 2-8 所示，测量一池塘两侧 A，B 两点间的距离，选择适当位置 C，测得角 C 为锐角，且 $\sin C=\frac{4}{5}$，$AC=10$ m，$BC=20$ m，则 A，B 两点间的距离为________ m.

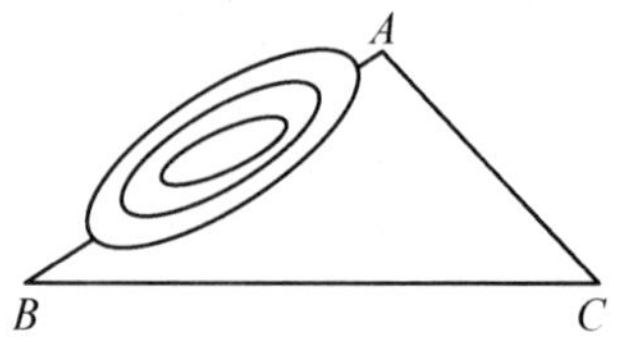

图 2-8

三、解答题

7. 如图 2-9 所示，一艘游船以 10 n mile/h 的速度向正北方向航行，在 A 处看灯塔 S 在游船的北偏东 30°方向上，1 h 后到达 B 处，在 B 处看灯塔 S 在游船的北偏东 75°方向上，求 BS 的距离．(结果保留整数)

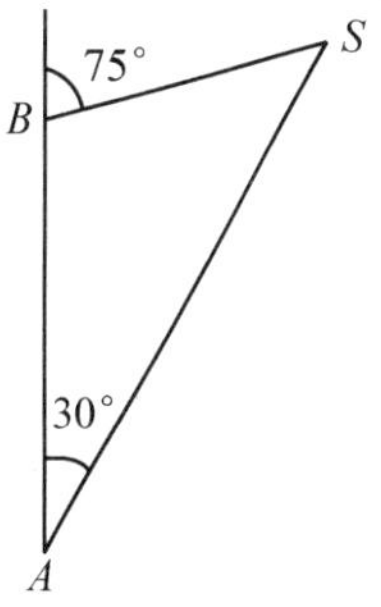

图 2-9

8. 两个烽火台 A，B 相距 4 km，B 在 A 的正东方向，现有出现敌情的 C 处，在 A 处观测到 C 处在北偏东 45°方向，在 B 处观测到 C 处在北偏西 30°方向，求 BC 的距离．(结果保留整数)

提高训练

9. 如图 2-10 所示，某广播电视局在高出地平面 10 m 的小山坡上建造一座电视塔 CD，点 B 处于电视塔的正下方水平面上，在山坡脚取点 A，测得$\angle CAD=45°$，$\angle CAB=\alpha$ 且 $\tan\alpha=\dfrac{1}{3}$，求电视塔 CD 的高度．

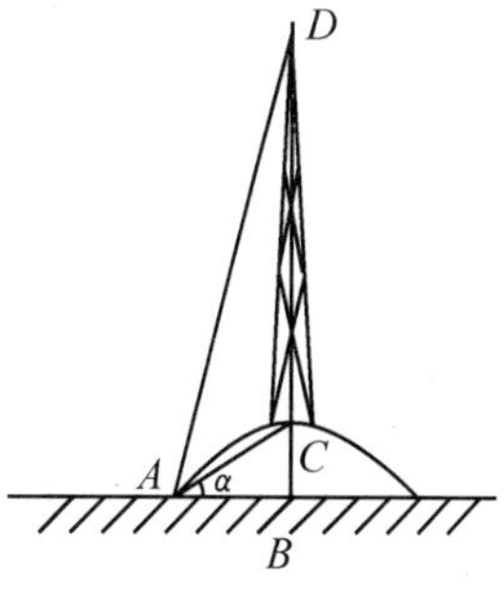

图 2-10

10. 如图 2-11 所示，两栋教学楼 AB，CD 相距 60 m，$AB=20$ m，$CD=50$ m，BD 是水平面，则在教学楼 AB 的顶端 A 看教学楼 CD 的张角 $\angle CAD$ 是多少？

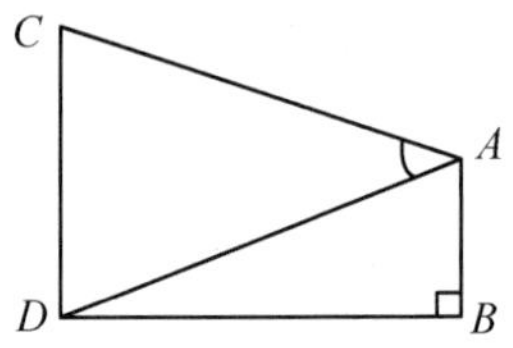

图 2-11

数学窗

学生在学完三角函数这部分内容以后，教师通过查找资料，寻找三角函数在生活中的实例，培养学生把实际问题转化为数学问题的能力.

在我们的生活中，三角函数一般被用来测量楼高、塔高、山高、树高，用来确定航海行程问题、确定光照及房屋建造合理性问题、调整电网等.

数学活动

希腊语中，“三角学”一词源于希腊文“三角形”与“测量”两词的组合，原意是三角形的测量，或者说解三角形. 后来范围逐渐扩大，三角学成为研究三角函数及其应用的一个数学分支.

三角测量在我国出现得很早，据《史记・夏本纪》记载，早在公元前 2000 年，大禹就利用三角形的边角关系，来进行对山川地势的测量.《周髀算经》讲得更详细. 后来《九章算术》的《勾股章》，专门列了测量问题，详细介绍了利用直角三角形相似原理，进行测量的方法. 后来的《海岛算经》等都有进行三角测量的史料记载. 可见我国对三角学的研究开始得很早.

三角学的六个基本函数中，最早开始独立研究的是正弦函数. 正弦概念的形成是从造弦表开始的. 公元前 2 世纪，古希腊天文学家希帕克为了天文观察的需要，着手造表工作. 这些成果是从托勒密的《天文集》中得到的. 托勒密第一个采用了巴比伦人的 60 进位制，把圆周分为 360 等份，但他并没给出“度”“分”“秒”的名词，而是用“第一小份”“第二小份”等字样进行描述. 1570 年，曲卡拉木起用了“°”的符号来表示“度”. 书中又给出了用“托勒密定理”来推算弦、弧及圆心角的关系及公式.

第一张正弦表是由印度的数学家阿耶波多(约 476—550)造出来的. 虽

然他直接接触了正弦，但他并没有给出名称，他称连接圆弧两端的直线为“弓弦”，后来印度著作被译成阿拉伯文．12世纪，当阿拉伯文被译成拉丁文时，这个词被译成 sinus，这就是“正弦”这一术语的来历．1631年，邓玉函与汤若望等人编《大测》一书，将 sinus 译成“正半弦”，简称为正弦，这是我国“正弦”这一术语的由来．早期人们把与已知角相加成 90° 的角的正弦，叫作附加正弦，它的拉丁文简写为 sinusco 或 cosinus，后来便缩写成 cos.

8世纪，阿拉伯的天文学家和数学家阿尔·巴坦尼，为了测量太阳的仰角，分别在地上和墙上各置一直立与水平的杆子，求阴影长 b，以测定太阳的仰角．阴影长 b 的拉丁文译文名叫“直阴影”，水平插在墙上的杆的影长叫作“反阴影”，“直阴影”后来变成余切，“反阴影”叫作正切．

大约半个世纪后，另一位中亚天文学家、数学家阿布尔·威发计算了每隔 10° 的正弦和正切表，并首次引进了正割与余割．

第 3 单元 · 数列

3.1 数列的概念

3.1.1 数列的定义

笔 记

知识要点

1. 按照一定**次序**排列的一列数叫作**数列**.

2. 只有**有限项**的数列叫作**有穷数列**，有**无限多项**的数列叫作**无穷数列**.

3. 第 n 项 a_n 叫作数列$\{a_n\}$的**通项或一般项**.

4. 数列与数集的区别：数列中的数是按一定次序排列的，而数集中的元素没有次序；数列中的数可以重复出现，而数集中的数不允许重复出现.

典型例题

例 1 指出下列数列中，哪些是有穷数列，哪些是无穷数列.

(1)所有自然数构成的数列：0，1，2，3，4，….

(2)100 以内是 7 的正整数倍的数按从小到大组成的数列：7，14，21，…，98.

分析 判断数列是有穷数列还是无穷数列，主要看数列的项数是有限的还是无限的.

解 根据有穷数列和无穷数列的定义，可知(1)是无穷数列，(2)是有穷数列.

例 2 数列 2，4，6，8，10 和数列 10，8，6，4，2 是不是表示同一数列.

分析　两个数列是不是同一数列，看数列每一项是不是按顺序一一对应相等.

解　第一组数列的第一项是2，第二组数列的第一项是10，所以两组数列不是同一数列.

基础训练

改错与反思

一、选择题

1. 数列-2，3，-4，5，…的第7项为(　　).

A. 7　　B. -7　　C. 8　　D. -8

2. $2\sqrt{5}$是数列$\sqrt{2}$，$\sqrt{5}$，$2\sqrt{2}$，$\sqrt{11}$，…的(　　).

A. 第6项　　B. 第7项　　C. 第8项　　D. 第9项

3. 关于通项a_n说法不正确的是(　　).

A. 通项a_n的下标n不能取到0

B. 通项a_n的下标n不能取到负数

C. 通项a_{n+1}表示数列的第$n+1$项

D. 通项a_{n+1}表示数列第n项值加1

4. 下列说法正确的是(　　).

A. 1，2，3，4，5和5，4，3，2，1表示同一个数列

B. 1，2，3，4，5和1，2，3，4，5，…表示同一个数列

C. 集合{1，2，3}和集合{3，2，1}表示不同的集合

D. 数列中的数可以重复出现，但是集合中的元素不能重复出现

二、填空题

5. 数列按项数可分为________和________.

6. 如果数列的各项都相等，那么这个数列称为________.

7. 若数列$\{a_n\}$为2，4，6，8，10，…，则$a_2=$________，$a_5=$________.

8. 下列数列中有穷数列有________，无穷数列有________.

①1，3，5，7，9；

②3，3，3，3，…；

③-1，1，-1，1，…；

④3.1，3.14，3.141，3.141 5；

⑤1，2，3，…，99.

9. 观察下列数列的特点，用适当的数填空.

(1)3，6，9，________，15，18；

(2)1，2，4，8，16，________；

(3)1，4，9，16，________，36；

(4)−6，7，−8，9，−10，________.

提高训练

10. 找规律并填空.

(1)1，1，2，3，5，8，________，21；

(2)1，2，2，4，8，32，________；

(3)10，6，4，2，2，0，2，−2，________.

11. 已知数列 1，0，−1，1，0，−1，1，0，−1，…，求数列的第 100 项及前 100 项的和.

3.1.2　数列的通项公式

知识要点

笔　记

1. 如果数列$\{a_n\}$的第 n 项 a_n 能用 **n 的一个表达式**来表示，那么这个表达式叫作这个数列的通项公式.

2. 通项公式写法的结构：等号左边是 a_n，等号右边是 n 的一个表达式.

典型例题

例 1　根据下列无穷数列的前 4 项，写出数列的一个通项公式.

(1)2，4，6，8，…；　　　　(2)−1，1，−1，1，….

分析　分别观察各项与其项数之间的关系，并用式子表示这种关系.

解　(1)前 4 项与其项数的关系如表 3-1 所示.

表 3-1

项数 n	1	2	3	4
项 a_n	2	4	6	8
n 与 a_n 的关系	$2=2\times1$	$4=2\times2$	$6=2\times3$	$8=2\times4$

由此可得该数列的一个通项公式为 $a_n=2n$.

(2)前 4 项与其项数的关系如表 3-2 所示.

表 3-2

项数 n	1	2	3	4
项 a_n	-1	1	-1	1
n 与 a_n 的关系	$-1=(-1)^1$	$1=(-1)^2$	$-1=(-1)^3$	$1=(-1)^4$

由此可得该数列的一个通项公式为 $a_n=(-1)^n$.

例 2 已知数列$\{a_n\}$的通项公式为 $a_n=n^2+1$. 问：101 是不是这个数列中的项？若是，是第几项？

分析 已知数列的通项公式，判断某数是不是这个数列中的项，只要将给定的数代入其通项公式求 n. 若求出的 n 是正整数，则这个数是数列中的项；若求出的 n 不是正整数，则该数不是数列中的项.

解 根据题意，令 $101=n^2+1$，可化为 $n^2=100$，解得 $n=10$ 或 -10.

由于 n 只能取正整数，所以 $n=10$，所以 101 是这个数列的第 10 项.

基础训练

改错与反思

一、选择题

1. 数列 4，7，10，13，…的一个通项公式是(　　).

A. $a_n=3n-2$　B. $a_n=3n-1$　C. $a_n=3n+1$　D. $a_n=3n+2$

2. 下列数是数列$\{3^{n-1}+1\}$中的项的是(　　).

A. 27　B. 28　C. 29　D. 30

3. 数列 9，99，999，9 999，…的通项公式为(　　).

A. $a_n=9^n\times11$　B. $a_n=11^{n-1}\times9$　C. $a_n=10^n-1$　D. $a_n=10^n+1$

4. 数列$\{a_n\}$中，$a_{n+1}=3a_n-1$，$a_1=1$，则 a_5 为(　　).

A. 40　B. 41　C. 42　D. 43

二、填空题

5. 数列 5，5，5，5，…的通项公式为________.

6. 数列$\frac{3}{5}$，$\frac{1}{2}$，$\frac{5}{11}$，$\frac{3}{7}$，…的第 $m+1$ 项为________.

三、解答题

7. 已知数列$\{a_n\}$的通项公式为 $a_n=(-1)^{n+1}\times n^2$，求数列的前 4 项.

8. 根据下列数列的前 4 项，写出数列的一个通项公式.

(1)1，4，9，16，…；

(2)-2，4，-8，16，…；

(3)$\frac{1}{2}$，$\frac{1}{6}$，$\frac{1}{12}$，$\frac{1}{20}$，…；

(4)7，77，777，7 777，…；

(5)1，0，1，0，…；

(6)0.9，0.99，0.999，0.999 9，….

9. 判断 8 是不是数列$\{n^2-7n+20\}$中的项，如果是，请指出是第几项.

提高训练

10. 已知数列$\{a_n\}$的通项公式是关于 n 的一次函数，$a_3=11$，$a_5=17$，求数列的通项公式.

11. 已知数列$\{a_n\}$，$a_1=2$，$n\geqslant 2$ 时，$a_1+a_2+\cdots+a_{n-1}+a_n=n^2$，求 a_5.

12. 写出数列$-\frac{2}{3}$，$\frac{4}{15}$，$-\frac{6}{35}$，$\frac{8}{63}$，$-\frac{10}{99}$，…的通项公式.

数学窗

沈括

北宋科学家沈括在《梦溪笔谈》中首创“隙积术”，研究某种物品(如酒坛、圆球、棋子等)按一定规律堆积起来求其总数的问题，即高阶等差级数求和问题，并推算出长方台垛公式. 南宋数学家杨辉在《详解九章算法》和《算法通变本末》中，丰富和发展了沈括的“隙积术”成果，提出了一些新的垛积公式. 沈括、杨辉等所讨论的级数与一般等差级数不同，前后两项之差并不相等，但是逐项差数之差或者高次差相等. 对这类高阶等差级数的研究，在杨辉之后一般被称为“垛积术”.

3.2　等差数列

3.2.1　等差数列的概念和通项公式

笔　记

知识要点

1. 如果一个数列从第 2 项开始，每一项与它的前一项的差都等于**同一个常数**，那么这个数列就叫作**等差数列**. $a_{n+1}-a_n=d$，即 $a_{n+1}=a_n+d$.

2. 等差数列的通项公式：$a_n=a_1+(n-1)d$.

3. 等差数列中，对任意正整数 m，n，都有 $a_n-a_m=(n-m)d$.

典型例题

例　已知等差数列$\{a_n\}$中，$a_4=3$，$a_{10}=21$，求该数列的通项公式.

分析　要求通项公式，就要先求出首项 a_1 和公差 d. 通过条件 $a_4=3$，$a_{10}=21$ 列出关于 a_1 和 d 的两个方程，联立方程求出 a_1 和 d.

解　因为$\{a_n\}$是等差数列，

所以$\begin{cases}a_4=a_1+3d=3,\\a_{10}=a_1+9d=21.\end{cases}$

解得$\begin{cases}a_1=-6,\\d=3.\end{cases}$

于是得通项公式 $a_n=a_1+(n-1)d=-6+3(n-1)=3n-9$.

基础训练

改错与反思

一、选择题

1. 下列不是等差数列的是(　　).

A. -6，-4，-2，0，…　　B. 1，1，1，1，…

C. lg 2，lg 4，lg 8，lg 16，…　　D. 0，1，0，1，…

2. 某等差数列的首项为-3，公差为 4，它的第 6 项为(　　).

A. 17　　B. 18　　C. 20　　D. 21

3. 等差数列 1，-1，-3，-5，…，则-91 是(　　).

A. 第 47 项　　B. 第 48 项　　C. 第 94 项　　D. 第 96 项

4. 等差数列 0，-5，-10，-15，…的第 $n+1$ 项为(　　).

A. $-5n-10$　　B. $-5n-5$　　C. $-5n$　　D. $-5n+5$

二、填空题

5. 在等差数列$\{a_n\}$中，$a_1=-6$，$a_6=-26$，则公差 $d=$________.

6. 在等差数列$\{a_n\}$中，$a_1=\pi$，$a_8=\pi$，则 $a_{2\,022}=$________.

7. 已知等差数列的前三项分别为 $3+a$，$10-a$，$7+2a$，则 $a=$________.

三、解答题

8. 求等差数列-7，-4，-1，…的第 10 项.

9. -98 是不是等差数列-2，-5，-8，-11，…的项？如果是，是第几项？如果不是，说明理由.

10. 在等差数列$\{a_n\}$中，$a_5=10$，$a_8=22$，求该数列的通项公式.

11. 在等差数列$\{a_n\}$中，

(1)已知 $a_1=2$，$d=3$，求 a_{10}.

(2)已知 $a_1=3$，$d=2$，$a_n=21$，求 n.

(3)已知 $a_1=12$，$a_6=27$，求 d.

(4)已知 $d=-\frac{1}{3}$，$a_7=8$，求 a_1.

提高训练

12. 已知数列$\{a_n\}$的通项公式为 $a_n=5n-2$，求证：数列$\{a_n\}$是等差数列.

13. 在 5 与 21 之间插入三个数，使得这五个数成等差数列，求这三个数.

3.2.2　等差中项

知识要点

笔　记

1. 若三个数 a，A，b 成等差数列，则中间的数 A 称为 a 与 b 的**等差中项**.

2. a，A，b 成等差数列的充要条件是 $A=\frac{a+b}{2}$.

3. 等差数列的性质：$\{a_n\}$是等差数列，若 $m+n=p+k$，则 $a_m+a_n=a_p+a_k$.

典型例题

例 已知等差数列$\{a_n\}$中，$a_6=2$，$a_{12}=12$，求a_9.

分析 a_6，a_9，a_{12}相邻两者之间的差为$3d$，于是得三者成等差数列，运用等差中项性质即可.

解 因为$\{a_n\}$是等差数列，所以a_6，a_9，a_{12}成等差数列.

由等差数列的中项公式得$a_9=\dfrac{a_6+a_{12}}{2}=7$.

基础训练

改错与反思

一、选择题

1. 在等差数列$\{a_n\}$中，$a_3=4$，$a_{11}=6$，则a_7为(　　).

A. 4　　B. 5　　C. 6　　D. 10

2. 在等差数列$\{a_n\}$中，$a_4+a_{16}=12$，则a_6+a_{14}为(　　).

A. 6　　B. 12　　C. 20　　D. 24

3. 在等差数列$\{a_n\}$中，$a_2+a_4=12$，$a_3+a_{11}=36$，则数列的公差为(　　).

A. 24　　B. 12　　C. 4　　D. 3

4. “a，b，c成等差数列”是“$2b=a+c$”的(　　).

A. 充分非必要条件　　B. 必要非充分条件

C. 充要条件　　D. 即不充分也不必要条件

二、填空题

5. $\sqrt{3}+1$与$\sqrt{3}-1$的等差中项是________.

6. 若a，$2m$，b，$4m$，c成等差数列，且$m\neq0$，则$a:b:c=$________.

7. 在等差数列$\{a_n\}$中，a_{n+1}，________，a_{n+11}成等差数列.

三、解答题

8. 在等差数列$\{a_n\}$中，$a_3+a_4+a_5+a_6+a_7=100$，求a_1+a_9的值.

9. 已知 5 个数 a_1，a_2，a_3，a_4，a_5 顺次成等差数列，其和为 60，且 $a_5=3a_1$，求这 5 个数.

提高训练

10. 已知 3 个数成等差数列，它们的和为 18，它们的平方和为 116，求这 3 个数.

11. 已知 3 个数成等差数列，它们的和为 12，它们的积为 60，求这 3 个数.

3.2.3　等差数列的前 n 项和公式

知识要点

笔　记

1. 等差数列前 n 项和公式 1：$S_n=\dfrac{n(a_1+a_n)}{2}$.

2. 等差数列前 n 项和公式 2：$S_n=na_1+\dfrac{n(n-1)}{2}d$.

典型例题

例　等差数列 -1，1，3，…的前多少项和为 48？

分析　由条件可知等差数列的首项和公差，通过前 n 项求和公式 2 进行求和.

解　由条件知 $a_1=-1$，$d=2$，

所以 $S_n=na_1+\dfrac{n(n-1)}{2}d=n^2-2n$.

令 $S_n=48$，即 $n^2-2n=48$，

解得 $n=8$ 或 -6(舍去).

所以等差数列前 8 项和为 48.

基础训练

改错与反思

一、选择题

1. 在等差数列$\{a_n\}$中，$a_1=1$，$a_7=5$，则 S_7 为(　　).

A. 20　　B. 21　　C. 40　　D. 42

2. 在等差数列$\{a_n\}$中，$a_1=1$，$d=-3$，则 S_{10} 为(　　).

A. 135　　B. -135　　C. 125　　D. -125

3. 在等差数列$\{a_n\}$中，$a_1=1$，$a_n=13$，$S_n=70$，则 n 为(　　).

A. 5　　B. 6　　C. 10　　D. 11

4. 在等差数列$\{a_n\}$中，$a_1+a_2+a_3=10$，$a_4+a_5+a_6=20$，则 $a_7+a_8+a_9$ 为(　　).

A. 10　　B. 20　　C. 30　　D. 40

二、填空题

5. 在等差数列$\{a_n\}$中，$d=1$，$n=5$，$S_n=20$，则 $a_1=$________.

6. 在等差数列$\{a_n\}$中，$a_3=2$，$a_7=14$，则 $S_9=$________.

7. 在等差数列$\{a_n\}$中，$S_n=n^2-n$，则 $a_6+a_7+a_8+a_9=$________.

三、解答题

8. 求等差数列 9，6，3，…，-45，-48 的各项和.

9. 已知等差数列$\{a_n\}$.

(1)$a_3=6$，$a_9=24$，求通项公式 a_n 及前 n 项和 S_n.

(2)$a_1=2$，$d=-1$，求 S_8.

(3)$d=2$，$a_n=1$，$S_n=-15$，求 a_1 与 n.

(4)$a_1=20$，$a_n=54$，$S_n=888$，求 n 与 d.

提高训练

10. 数列$\{a_n\}$的前 n 项和 $S_n=n^2-2n$，判断该数列是否为等差数列，并说明理由.

11. 在等差数列$\{a_n\}$中，$a_1=18$，$S_3=S_7$，问数列前多少项和最大？并求出最大值.

数学窗

数独是源自 18 世纪瑞士的一种数学游戏，是一种运用纸、笔进行演算的逻辑游戏．玩家需要根据 9×9 盘面上的已知数字，推理出所有剩余空格的数字，并满足每一行、每一列、每一个粗线宫(3×3)内的数字均含 1～9，且不重复．因为数独盘面有九个宫，每一宫又分为九个小格，所以又称“九宫格”．后来又陆续发展出来了“四宫数独”“六宫数独”等不同形态的数独游戏.

	4		5	2	6		9	
9				8				6
		5				7		
5			1		8			3
8	9						1	2
1			2		3			7
		6				8		
3				1				4
	8		6	5	4		3	

九宫格

3.3 等比数列

3.3.1 等比数列的概念和通项公式

知识要点

1. 等比数列的定义：如果一个数列从第二项起，每一项与它的前一项的比等于同一个不为零的常数，那么这个数列就叫作**等比数列**. 这个常数叫作等比数列的**公比**，公比通常用字母 q 表示($q\neq0$)，即$\frac{a_{n+1}}{a_n}=q(n\geqslant1，q\neq0)$.

2. 等比数列的通项公式：$a_n=a_1\cdot q^{n-1}(a_1\cdot q\neq0)$，$a_n=a_m\cdot q^{n-m}$ $(a_1\cdot q\neq0)$.

笔 记

典型例题

考点 1 判断数列是否是等比数列

例 1 已知数列$\{a_n\}$满足 $a_{n+1}=2a_n$，且 $a_1=1$.

(1)证明数列$\{a_n\}$是等比数列； (2)求数列$\{a_n\}$的通项公式.

解 (1)$\frac{a_{n+1}}{a_n}=2$，$a_1=1$，所以数列$\{a_n\}$是以 1 为首项，2 为公比的等比数列.

(2)$a_n=a_1\cdot q^{n-1}=2^{n-1}$.

例 2 已知数列$\{a_n\}$满足 $a_{n+1}=2a_n+1$，且 $a_1=1$.

(1)证明数列$\{a_n+1\}$是等比数列； (2)求数列$\{a_n\}$的通项公式.

分析 (1)根据定义可证明数列是等比数列；(2)求得$\{a_n+1\}$的通项公式即可得数列$\{a_n\}$的通项公式.

解 (1)令 $b_n=a_n+1$，即需证$\{b_n\}$是等比数列.

因为$\frac{b_{n+1}}{b_n}=\frac{a_{n+1}+1}{a_n+1}=\frac{2a_n+1+1}{a_n+1}=\frac{2(a_n+1)}{a_n+1}=2$，$b_1=a_1+1=2$，

所以数列$\{b_n\}$是以 2 为首项，2 为公比的等比数列.

因此，数列$\{a_n+1\}$是以 2 为首项，2 为公比的等比数列.

(2)$b_n=2\cdot2^{n-1}=2^n$，即 $a_n+1=2^n$，

所以 $a_n=2^n-1$.

方法总结：根据定义进行判断，$\{a_n\}$成等比数列$\Leftrightarrow \frac{a_{n+1}}{a_n}=q(n\in \mathbf{N}_+,\ q\neq 0)$

考点2　求等比数列的通项公式

例3　求下列各等比数列的通项公式.

(1)已知 $a_1=-2$，$a_3=-8$；

(2)$a_1=5$，且 $2a_{n+1}=-3a_n$；

(3)$a_1=5$，且$\frac{a_{n+1}}{a_n}=\frac{n}{n+1}$.

分析　已知数列是等比数列，可灵活选用 $a_n=a_1\cdot q^{n-1}(a_1\cdot q\neq 0)$，$a_n=a_m\cdot q^{n-m}(a_1\cdot q\neq 0)$求公比、首项.

解　(1)$a_3=a_1q^2\Rightarrow q^2=4\Rightarrow q=\pm 2$，

所以 $a_n=(-2)2^{n-1}=-2^n$ 或 $a_n=(-2)(-2)^{n-1}=(-2)^n$.

(2)$q=\frac{a_{n+1}}{a_n}=-\frac{3}{2}$，又 $a_1=5$，所以 $a_n=5\times\left(-\frac{3}{2}\right)^{n-1}$.

(3)因为$\frac{a_{n+1}}{a_n}=\frac{n}{n+1}$，所以$\frac{a_2}{a_1}=\frac{1}{2}$，$\frac{a_3}{a_2}=\frac{2}{3}$，…，$\frac{a_n}{a_{n-1}}=\frac{n-1}{n}$.

以上各式相乘得：$a_n=\frac{1}{n}a_1=\frac{5}{n}$.

方法总结：利用等比数列的通项公式求出等比数列的公比和首项后得出或根据公式变形化简得出关于 n 的关系式.

基础训练

改错与反思

一、选择题

1. 下列数列中是等比数列的为(　　).

A. 0，1，2，4，…　　B. -2，-1，2，-4，…

C. 1，2，4，8，…　　D. 1，2，1，2，…

2. 已知数列$\{a_n\}$为等比数列，$a_1=1$，$a_4=8$，则公比 $q=$(　　).

A. 2　　B. -2　　C. $\frac{1}{2}$　　D. $-\frac{1}{2}$

3. 在等比数列$\{a_n\}$中，如果 $a_1+a_2=40$，$a_3+a_4=60$，那么 $a_7+a_8=$(　　).

A. 135　　B. 100　　C. 95　　D. 80

4. 等比数列$\{a_n\}$中，首项为 a_1，公比为 q，则下列条件中，使$\{a_n\}$一定为递减数列的条件是(　　).

A. $|q|<1$　　B. $a_1>0$，$q<1$

C. $a_1>0$，$0<q<1$ 或 $a_1<0$，$q>1$　D. $q>1$

二、填空题

5. $\{a_n\}$为等比数列.

(1)已知 $a_1=3$，$q=-2$，则 $a_6=$________.

(2)已知公比 $q=-2$，则$\frac{a_1}{a_3}=$________.

6. 已知一个等比数列.

(1)它的第 9 项是$\frac{4}{9}$，公比是$-\frac{1}{3}$，它的第 1 项是________.

(2)它的第 2 项是 10，第 3 项是 20，它的第 1 项是________；第 4 项是________.

三、解答题

7. (1)在等比数列$\{a_n\}$中，已知 $a_3=20$，$a_6=160$，求$\{a_n\}$的通项公式.

(2)在等比数列$\{a_n\}$中，已知 $a_{10}=128$，$a_4=2$，求公比 q.

(3)在数列$\{a_n\}$中，已知 $a_{n+1}=\frac{2}{3}a_n$，$a_4=1$，求 a_1.

8. 若互不相等的实数 a，b，c 成等差数列，c，a，b 成等比数列，且 $a+3b+c=10$，求 a，b，c.

提高训练

9. 已知$\{a_n\}$，$\{b_n\}$是项数相同的等比数列，求证$\{a_n\cdot b_n\}$是等比数列.

10. 已知三个数成等比数列，它们的和为 7，积为 8，求这三个数.

3.3.2　等比中项

笔　记

知识要点

1. **等比中项**：如果在 a 与 b 中间插入一个数 G，使 a，G，b 成等比数列，那么称这个数 G 为 a 与 b 的等比中项，即 $G=\pm\sqrt{ab}$ (a，b 同号).

2. **等比数列的性质**：$\{a_n\}$ 是等比数列，若 $m+n=p+k$，则 $a_m a_n=a_p a_k$.

典型例题

考点　根据等比中项的定义进行运算

例　(1)已知$\{a_n\}$是等比数列，且 $a_n>0$，$a_2a_4+2a_3a_5+a_4a_6=25$，求 a_3+a_5.

(2) $a\neq c$，已知 a，1，c 成等差数列，a^2，1，c^2 成等比数列，求$\dfrac{a+c}{a^2+c^2}$.

分析　(1)a_3 是 a_2 和 a_4 的等比中项，故有 $a_2a_4=a_3^2$，同理 $a_4a_6=a_5^2$.

(2)根据等差中项的定义，得 $a+c=2$，根据等比中项的定义，得 $a^2c^2=1$.

解　(1)因为$\{a_n\}$是等比数列，所以 $a_2a_4+2a_3a_5+a_4a_6=(a_3+a_5)^2=25$.

又 $a_n>0$，所以 $a_3+a_5=5$.

(2)因为 a，1，c 成等差数列，所以 $a+c=2$.

又 a^2，1，c^2 成等比数列，所以 $a^2c^2=1$，有 $ac=1$ 或 $ac=-1$.

当 $ac=1$ 时，由 $a+c=2$ 得 $a=1$，$c=1$，与 $a\neq c$ 矛盾，所以 $ac=-1$，$a^2+c^2=(a+c)^2-2ac=6$，所以$\dfrac{a+c}{a^2+c^2}=\dfrac{1}{3}$.

方法总结：a，G，b 成等比数列$\Rightarrow G^2=ab$，反推不成立，因为有可能 a，b 等于 0，则不是等比数列.

基础训练

改错与反思

一、选择题

1. 已知 1，b，9 三项成等比数列，则 $b=$(　　).

A. 3　　B. ±3　　C. -3　　D. 5

2. 在等比数列$\{a_n\}$中，若 $a_7=3$，$a_{10}=9$，则 $a_4=$(　　).

A. 1　　B. ±1　　C. -1　　D. 3

3. 在等比数列$\{a_n\}$中，已知 $a_3=2$，$a_{15}=8$，则 a_9 等于(　　).

A. ±4　　B. 4　　C. -4　　D. 16

4. 已知等比数列$\{a_n\}$中，$a_1=27$，$q=\frac{2}{3}$，$a_n=8$，则 n 等于(　　).

A. 4　　B. 5　　C. 2　　D. 3

二、填空题

5. 在等比数列$\{a_n\}$中，已知 $a_1=5$，$a_9a_{10}=100$，$a_{18}=$________.

6. 在等比数列$\{a_n\}$中，已知 $a_5=8$，则 $a_3a_7=$________.

三、解答题

7. 在等比数列$\{a_n\}$中，$a_2=-2$，$a_5=54$，求 a_8.

8. 求 $5+3\sqrt{2}$ 与 $5-3\sqrt{2}$ 的等比中项.

提高训练

9. 已知某三个正数成等差数列，和为 15，且这三个数分别加 2，5，13 后成为等比数列$\{b_n\}$中的 b_3，b_4，b_5，求数列$\{b_n\}$的通项公式.

10. 等比数列$\{a_n\}$中，$a_4 \cdot a_7=-512$，$a_3+a_8=124$，公比 q 为整数，求 a_{10}.

3.3.3　等比数列前 n 项和公式

笔　记

知识要点

等比数列的前 n 项和公式：$S_n=\begin{cases} na_1, & a_1\neq 0,\ q=1, \\ \dfrac{a_1-a_nq}{1-q}=\dfrac{a_1(1-q^n)}{1-q}, & q\neq 1. \end{cases}$

典型例题

考点　求等比数列前 n 项和

例　已知等比数列$\{a_n\}$中前 8 项的和 $S_8=30$，前 16 项的和 $S_{16}=150$，求 S_{20}.

解　设$\{a_n\}$的公比为 q，当 $q=1$ 时，$S_8=8a_1=30\Rightarrow a_1=\dfrac{15}{4}$，

$S_{16}=16a_1=150\Rightarrow a_1=\dfrac{75}{8}$，故 $q\neq 1$.

所以$\begin{cases} \dfrac{a_1(1-q^8)}{1-q}=30, & (1) \\ \dfrac{a_1(1-q^{16})}{1-q}=150, & (2) \end{cases}$

$\dfrac{\text{式}(1)}{\text{式}(2)}$得 $1+q^8=5$，所以 $q^8=4$，所以 $q^4=2$，

代入式(1)可得$\dfrac{a_1}{1-q}=-10$，

所以 $S_{20}=\dfrac{a_1(1-q^{20})}{1-q}=\dfrac{a_1[1-(q^4)^5]}{1-q}=310$.

方法总结：解题过程中应注意对等比数列中 $q=1$ 这种特殊情况进行讨论. 另外本题的求解需要有整体思想，即必须把$\dfrac{a_1}{1-q}$当成一个整体来解.

基础训练

改错与反思

一、选择题

1. 等比数列$\{a_n\}$中，$a_1=4$，$q=1$，则$S_3=$( ).

A. 12　　B. 0　　C. 无意义　　D. 4

2. 等比数列$\{a_n\}$中，$a_1=4$，$q=2$，则$S_5=$( ).

A. 124　　B. -124　　C. 31　　D. -31

3. 等比数列$\{a_n\}$中，$a_1=1$，$a_5=81$，则$S_5=$( ).

A. 121　　B. 61　　C. 121 或 61　　D. 不能确定

4. 设等比数列$\{a_n\}$的公比$q=2$，前n项和为S_n，则$\frac{S_4}{a_2}=$( ).

A. 2　　B. 4　　C. $\frac{15}{2}$　　D. $\frac{17}{2}$

二、填空题

5. 等比数列$\{a_n\}$中，$a_1=3$，$n=6$，$q=2$，则$S_n=$________.

6. 在等比数列$\{a_n\}$中，已知公比$q=\frac{1}{2}$，$a_5=2$，$S_5=$________.

7. 等比数列 1，2，4，…，从第 5 项到第 10 项的和为________.

三、解答题

8. 等比数列$\{a_n\}$中，$a_1=1$，$a_n=-243$，$S_n=-182$，求q和n.

9. 等比数列$\{a_n\}$的前n项和为S_n，已知S_1，S_3，S_2成等差数列.

(1)求$\{a_n\}$的公比q；

(2)若$a_1-a_3=3$，求S_n.

提高训练

10. 已知数列$\{a_n\}$的前 n 项和满足 $S_n=-a_n+n$，且 $a_1=\frac{1}{2}$.

(1)证明数列$\{a_n-1\}$是等比数列；

(2)求数列$\{a_n\}$的前 n 项和 S_n.

数学窗

朱世杰(1249—1314)，字汉卿，号松庭，汉族，燕山(今北京市)人氏，元代数学家、教育家，毕生从事数学教育，有“中世纪世界最伟大的数学家”之誉. 朱世杰在当时天元术的基础上发展出“四元术”，列出四元高次多项式方程，通过消元求解；他还创造出“垛积法”，即高阶等差数列的求和方法. 他的主要著作有《算学启蒙》与《四元玉鉴》. 宋元时期是中国古代数学的鼎盛时期，这时期杰出的数学家有秦九韶、李冶、杨辉、朱世杰，被称为宋元数学四大家.

数学活动

“一尺之棰，日取其半，万世不竭”出自《庄子·天下篇》，大致意思是：一尺长的棍棒，每日截取它的一半，永远截不完. 试着结合等比数列的相关知识，说说你的认识.

3.4 数列的实际应用举例

笔 记

知识要点

数列在现代社会中应用广泛，分期存款、贷款、细胞分裂、浓度配比等中都会涉及数列.

典型例题

例 容器中盛有 2 kg 盐的质量分数为 20%的盐水，倒出 1 kg 盐水，然后加入 1 kg 水，以后每次都倒出 1 kg 盐水，然后再加入 1 kg 水.

问：(1)第 5 次倒出的 1 kg 盐水中含盐多少？

(2)经 6 次倒出后，一共倒出了多少盐？

分析 先写出题目描述过程中盐水中的含盐量，观察所形成数列的特点，判断是等差数列、等比数列还是混合型的，再根据相关数列的性质进行运算.

解 (1)每次倒出的盐的质量所成的数列为$\{a_n\}$，则：

$a_1=0.2$ kg，$a_2=\frac{1}{2}\times 0.2$ kg，$a_3=\left(\frac{1}{2}\right)^2\times 0.2$ kg，

由此可见：$a_n=\left(\frac{1}{2}\right)^{n-1}\times 0.2$ kg，

$a_5=\left(\frac{1}{2}\right)^{5-1}\times 0.2\ \text{kg}=\left(\frac{1}{2}\right)^4\times 0.2\ \text{kg}=0.012\ 5\ \text{kg}$，

所以第 5 次倒出的 1 kg 盐水中含盐 0.012 5 kg.

(2)由(1)得$\{a_n\}$是等比数列，$a_1=0.2$，$q=\frac{1}{2}$，

所以 $S_6=\frac{a_1(1-q^6)}{1-q}\text{kg}=\frac{0.2\left(1-\frac{1}{2^6}\right)}{1-\frac{1}{2}}\text{kg}=0.393\ 75\ \text{kg}$，

所以，6 次一共倒出了 0.393 75 kg 盐.

方法总结：(1)写出数列的前几项；(2)判断数列的类型；(3)根据等差或等比数列的相关结论进行运算和推理.

基础训练

改错与反思

一、选择题

1. 在通常情况下，从地面到 10 km 的高空，高度每增加 1 km，气温就下降某一固定值. 如果 1 km 高度的气温是 8.5 ℃，5 km 高度的气温是 −17.5 ℃，那么 3 km 高度的气温是(　　) ℃.

A. −3.5　　B. −4　　C. −4.5　　D. −3.5

2. 某种细菌在培养过程中每 0.5 h 内 1 个细菌分裂成 2 个，经过 5 h，这种细菌可由 1 个繁殖到(　　)个.

A. 2^5　　B. $1+2^5$　　C. 2^{10}　　D. $1+2^{10}$

3. 某租车公司的汽车每天租金为 350 元，行驶每千米的附加费为 0.8 元，某天老张向这家公司租车，行驶了 200 km，他应付给租车公司(　　)元.

A. 510　　B. 159.2　　C. 160　　D. 509.2

4. 某产品计划每年成本降低 $q\%$，若 3 年后的成本为 a 元，则现在的成本是(　　)元.

A. $\dfrac{a}{(q\%)^3}$　　B. $a(1+q\%)^3$　　C. $a(1-q\%)^3$　　D. $\dfrac{a}{(1-q\%)^3}$

二、填空题

5. 一条信息，若一人得知后用 1 h 将信息传给两人，这两人又用 1 h 各传给未知此信息的另外两人，如此继续下去，一天时间可传遍________人.

6. 一辆新汽车价值 25 万元，1 年后的折旧率为 10%，以后每年折旧率为 5%，5 年后这辆汽车价值________万元(列式子).

7. 一个音乐厅里共有 30 排座位，第一排有 28 个座位，从第二排起，每一排都比前一排多 2 个座位，则这个音乐厅共有________个座位.

三、解答题

8. 小张从 2019 年开始为买车存钱. 最近看了一下存钱的记录，发现 2019 年存了 2 万元，2020 年存了 2.2 万元，2021 年存了 2.42 万元. 他发现这三年里，每年存的钱比上一年增长 10%，若按这个规律，到 2023 年底，可以买一辆价值多少的汽车?

9. 一个屋顶的某一个斜面成等腰梯形，最上面一层铺了 20 块瓦片，每往下一层多铺一块瓦片，斜面上铺了 21 层瓦片，问该斜面共铺了多少块瓦片？

提高训练

10. 图 3-1(a)所示为一个边长为 1 的正三角形，分别连接这个三角形三边的中点，将原三角形分成 4 个小三角形，如图 3-1(b)所示，再分别连接图 3-1(b)中间的小三角形三边的中点，又可将原三角形分成 7 个三角形，如图 3-1(c)所示，以此类推，第 n 个图中的原三角形被分成 a_n 个三角形.

(1)求数列 $\{a_n\}$ 的通项公式；

(2)求第 $n(n\geqslant2)$个图中所有由中点连线组成的三角形的面积的和.

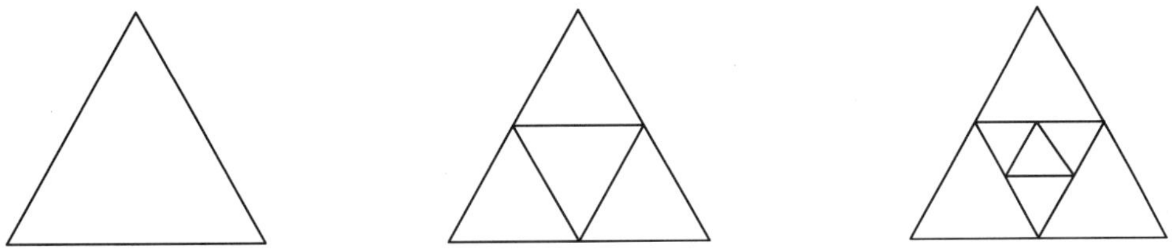

(a)　　(b)　　(c)

图 3-1

11. 某地区有荒山 2 200 亩(1 亩$=666.\dot{6}\ \mathrm{m}^2$)，从 1995 年开始每年春季在荒山植树造林，第一年植树 100 亩，以后每一年比上一年多植树 50 亩.

(1)若所植树全部都成活，则到哪一年可将荒山全部绿化？

(2)若每亩所植树苗的木材量为 $2\ \mathrm{m}^3$，每年树木木材量的自然增长率为 20%，那么全部绿化后的那一年年底，该山的木材总量为 S，求 S 的表达式.

(3)若 $1.2^8\approx4.3$，计算 S(精确到 $1\ \mathrm{m}^3$).

数学窗

斐波那契(1175—1250)，中世纪意大利数学家，是西方第一个研究斐波那契数的人，并将现代书写数和乘数的位值表示法系统引入欧洲，使科学和数学蓬勃发展．其代表作是写于 1202 年的著作《计算之书》，其中包含了希腊、埃及、印度、中国等关于数学的内容．

斐波那契

数学活动

斐波那契在《计算之书》中提出了一个有趣的兔子问题：

一般而言，兔子在出生两个月后，就有繁殖能力，一对兔子每个月能生出一对小兔子来．如果所有的兔子都不死，那么一年以后可以繁殖多少对兔子？

第一个月小兔子没有繁殖能力，所以还是一对；两个月后，生下一对小兔总数共有两对；三个月以后，老兔子又生下一对，因为小兔子还没有繁殖能力，所以一共是三对；……

以此类推可以列出下表：

经过时间/月	1	2	3	4	5	6	7	8	9	10	11	12	…
兔子总数/对	1	1	2	3	5	8	13	21	34	55	89	144	…

兔子的总对数 1，1，2，3，5，8，…构成了一个数列．这个数列前面相邻两项之和，构成了后一项．$a_{n+2}=a_{n+1}+a_n$，有趣的是自然界中有很多植物都呈现出斐波那契数列规律，比如松果、凤梨、一些花朵的花瓣的数量等．

此外，当数列的项越来越大时，后一项比上前一项的比值会越来越接近 0.618(黄金分割数的近似值)．

斐波那契数列还有两个有趣的性质：

(1)斐波那契数列中任一项的平方数都等于跟它相邻的前后两项的乘积加 1 或减 1；

(2)任取相邻的四个斐波那契数，中间两数之积(内积)与两边两数之积(外积)相差 1．

第 4 单元 · 平面向量

4.1 平面向量概念

笔 记

知识要点

1. 在数学上，把既有**大小**又有**方向**的量叫作**向量**.
2. 向量的大小叫作**向量**的**模**.
3. 模为 0 的向量叫作**零向量**，零向量的方向是**不确定的**.
4. 模为 1 个单位长度的向量叫作**单位向量**.
5. 方向**相同**或**相反**的**非零**向量叫作**平行向量**.
6. 零向量与任何一个向量**平行**.
7. 模相等且方向相同的两个向量叫作**相等向量**.
8. 模相等而方向相反的两个向量叫作**相反向量**.

典型例题

例 1 下面这些量哪些是数量？哪些是向量？

(1)速度滑冰运动员的最快速度可以超过 60 km/h；

(2)北京冬奥会运动场馆的温度最低可达－30 ℃；

(3)某日，国际黄金的价格是 400.19 元/g；

(4)发射神舟十三号飞船的长征运载火箭的推力达到 6.0×10^6 N.

分析 由于**向量**是既有大小又有方向的量，**数量**是只有大小没有方向的量，所以速度、力是向量，温度、价格是数量.

解 (1)速度 60 km/h 是向量；(2)温度－30 ℃是数量；(3)价格 400.19 元/g 是数量；(4)推力 6.0×10^6 N 是向量.

例 2　如图 4-1 所示，在向量 $\overrightarrow{DA}$，$\overrightarrow{GE}$，$\overrightarrow{BC}$，$\overrightarrow{AB}$，$\overrightarrow{HF}$，$\overrightarrow{CD}$，$\overrightarrow{EH}$，$\overrightarrow{FG}$ 中，指出其中的相等向量、相反向量及平行的向量.

分析　模相等且方向相同的两个向量叫作相等向量；模相等而方向相反的两个向量叫作相反向量；方向相同或相反的非零向量叫作平行向量.

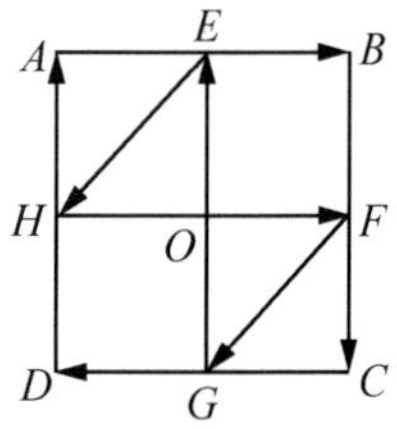

图 4-1

解　相等向量有 $\overrightarrow{DA}=\overrightarrow{GE}$，$\overrightarrow{AB}=\overrightarrow{HF}$，$\overrightarrow{EH}=\overrightarrow{FG}$.

相反向量有 $\overrightarrow{DA}=-\overrightarrow{BC}$，$\overrightarrow{GE}=-\overrightarrow{BC}$，$\overrightarrow{AB}=-\overrightarrow{CD}$，$\overrightarrow{HF}=-\overrightarrow{CD}$.

平行的向量有 $\overrightarrow{DA}/\!/\overrightarrow{GE}/\!/\overrightarrow{BC}$，$\overrightarrow{AB}/\!/\overrightarrow{HF}/\!/\overrightarrow{CD}$，$\overrightarrow{EH}/\!/\overrightarrow{FG}$.

基础训练

改错与反思

一、选择题

1. 如果 $\boldsymbol{a}$，$\boldsymbol{b}$ 是两个单位向量，则 $\boldsymbol{a}$ 与 $\boldsymbol{b}$ 一定(　　).

A. 相等　　B. 平行　　C. 方向相同　　D. 长度相等

2. 下列说法错误的是(　　).

A. 零向量与任意向量都不平行

B. 长度等于 1 个单位长度的向量叫作单位向量

C. 平行向量就是共线向量

D. 长度为 0 的向量叫作零向量

3. 下列关于向量的叙述不正确的是(　　).

A. 向量 $\overrightarrow{AB}$ 的相反向量是 $\overrightarrow{BA}$

B. 模为 1 的向量是单位向量，其方向是任意的

C. 若 A，B，C，D 四点在同一条直线上，且 $AB=CD$，则 $\overrightarrow{AB}=\overrightarrow{CD}$

D. 若向量 $\boldsymbol{a}$ 与 $\boldsymbol{b}$ 满足关系 $\boldsymbol{a}+\boldsymbol{b}=\boldsymbol{0}$，则 $\boldsymbol{a}$ 与 $\boldsymbol{b}$ 共线

4. 有关向量 $\boldsymbol{a}$ 和向量 $\boldsymbol{b}$，下列四个说法中：

①若 $|\boldsymbol{a}|=0$，则 $\boldsymbol{a}=\boldsymbol{0}$；

②若 $|\boldsymbol{a}|=|\boldsymbol{b}|$，则 $\boldsymbol{a}=\boldsymbol{b}$ 或 $\boldsymbol{a}=-\boldsymbol{b}$；

③若 $\boldsymbol{a}/\!/\boldsymbol{b}$，则 $|\boldsymbol{a}|=|\boldsymbol{b}|$；

④若 $\boldsymbol{a}=\boldsymbol{0}$，则 $-\boldsymbol{a}=\boldsymbol{0}$.

其中正确的有(　　).

A. 1 个　　B. 2 个　　C. 3 个　　D. 4 个

二、填空题

5. 给出以下 5 个条件：①$\boldsymbol{a}=\boldsymbol{b}$；②$|\boldsymbol{a}|=|\boldsymbol{b}|$；③$\boldsymbol{a}$ 与 $\boldsymbol{b}$ 的方向相

反；④ $|\boldsymbol{a}|=0$ 或 $|\boldsymbol{b}|=0$；⑤$\boldsymbol{a}$ 与 $\boldsymbol{b}$ 都是单位向量．其中能使 $\boldsymbol{a}/\!/\boldsymbol{b}$ 成立的是________(填序号)．

6．已知四边形 $ABCD$ 是菱形，则在向量 $\overrightarrow{AB}$，$\overrightarrow{BC}$，$\overrightarrow{CD}$，$\overrightarrow{DA}$，$\overrightarrow{DC}$ 和 $\overrightarrow{AD}$ 中，相等的有________对．

三、解答题

7．如图 4-2 所示，EF 是 $\triangle ABC$ 的中位线，AD 是 BC 边上的中线，在以 A，B，C，D，E，F 为端点的有向线段表示的向量中，请分别写出：

(1)与向量 $\overrightarrow{CD}$ 共线的向量；

(2)与向量 $\overrightarrow{DF}$ 的模相等的向量；

(3)与向量 $\overrightarrow{DE}$ 相等的向量．

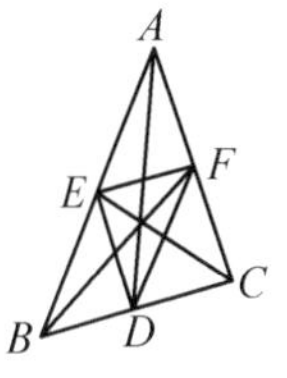

图 4-2

8．图 4-3 所示是 4×3 的矩形(每个小方格都是单位正方形)，在起点和终点都在小方格的顶点处的向量中，试问：

(1)与 $\overrightarrow{AB}$ 相等的向量共有几个？

(2)与 $\overrightarrow{AB}$ 方向相同且模为 $3\sqrt{2}$ 的向量共有几个？

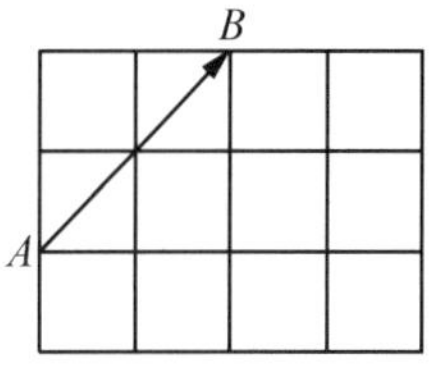

图 4-3

9．一辆消防车从 A 地去 B 地执行任务(见图 4-4)，先从 A 地向北偏东 30° 方向行驶 2 km 到 D 地，然后从 D 地沿北偏东 60° 方向行驶 6 km 到达 C 地，从 C 地又向南偏西 30° 方向行驶 2 km 才到达 B 地．

(1)在图中作出 $\overrightarrow{AD}$，$\overrightarrow{DC}$，$\overrightarrow{CB}$，$\overrightarrow{AB}$；

(2)求 B 地相对于 A 地的位置．

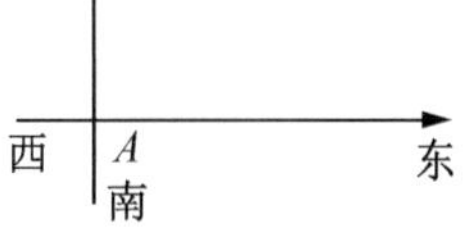

图 4-4

10. 如图 4-5 所示，四边形 $ABCD$ 和四边形 $ABDE$ 都是平行四边形.

(1)写出与向量 $\overrightarrow{ED}$ 相等的向量；

(2)写出与向量 $\overrightarrow{ED}$ 共线的向量.

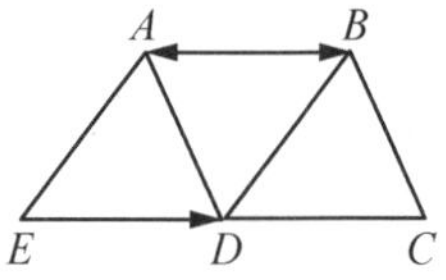

图 4-5

提高训练

11. 下列命题中正确的有(　　)个.

①向量 $\overrightarrow{AB}$ 与 $\overrightarrow{CD}$ 是共线向量，则 A，B，C，D 四点必在一条直线上；②单位向量都相等；③任一向量与它的相反向量不相等；④共线的向量，若起点不同，则终点一定不同.

A. 0　　B. 1　　C. 2　　D. 3

12. 某人从 A 点出发向东走了 5 m 到达 B 点，然后改变方向沿东北方向走了 $10\sqrt{2}$ m 到达 C 点，到达 C 点后又改变方向向西走了 10 m 到达 D 点.

(1)作出向量 $\overrightarrow{AB}$，$\overrightarrow{BC}$，$\overrightarrow{CD}$；

(2)求 $\overrightarrow{AD}$ 的模.

数学窗

华罗庚的成就

华罗庚(1910—1985)，出生于江苏常州金坛区，祖籍江苏丹阳，是数学家、中国科学院院士、美国国家科学院外籍院士、发展中国家科学院院士、联邦德国巴伐利亚科学院院士、中国科学院数学研究所原所长.

华罗庚

华罗庚主要从事解析数论、矩阵几何学、典型群、自守函数论、多复变函数论、偏微分方程、高维数值积分等领域的研究，并解决了高斯完整三角和的估计这一难题，对华林和塔里问题作了改进，证明了一维射影几何基本定理，在近代数论方法应用研究方面获得重要成果．他被列为芝加哥科学技术博物馆中当今世界88位数学伟人之一．国际上以华氏命名的数学科研成果就有“华氏定理”“怀依-华不等式”“华氏不等式”“嘉当-布饶尔-华定理”“华氏算子”“华-王方法”等．

华罗庚早年的研究领域是解析数论，他在解析数论方面的成就尤其广为人知，国际上颇具盛名的“中国解析数论学派”即华罗庚开创的学派，该学派对于质数分布问题与哥德巴赫猜想做出了许多重大贡献．华罗庚在多复变函数论、典型群方面的研究领先西方数学界十多年，是国际上有名的“典型群中国学派”．华罗庚也是中国矩阵几何学、典型群、自守函数论等多方面研究的创始人和开拓者．

笔 记

4.2　平面向量的线性运算

4.2.1　平面向量的加法

知识要点

1. 一般地，当非零向量 $\boldsymbol{a}$，$\boldsymbol{b}$ 不共线时，在平面上任取一点 A，依次作 $\overrightarrow{AB}=\boldsymbol{a}$，$\overrightarrow{BC}=\boldsymbol{b}$，则向量 $\overrightarrow{AC}$ 叫作向量 $\boldsymbol{a}$ 与向量 $\boldsymbol{b}$ 的和(或和**向量**)，记作 $\boldsymbol{a}+\boldsymbol{b}$(见图 4-6)，即 $a+b=\overrightarrow{AB}+\overrightarrow{BC}=\overrightarrow{AC}$.

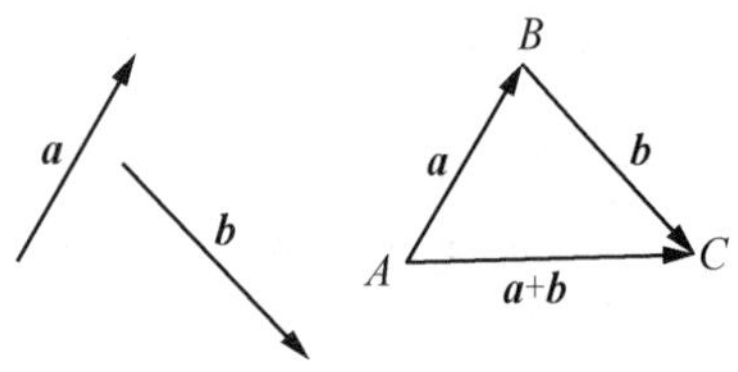

图 4-6

2. 求向量的和的运算叫作**向量的加法**. 上述求向量的和的方法叫作向量加法的**三角形法则**.

典型例题

例 1　已知两组向量如图 4-7 所示，用向量加法的三角形法则作出和向量.

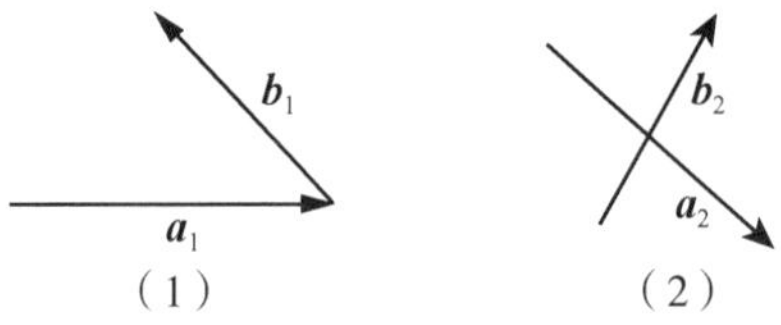

图 4-7

分析　(1)当两个向量 $\boldsymbol{a}_1$，$\boldsymbol{b}_1$ 首尾相接时，其和向量 $\boldsymbol{a}_1+\boldsymbol{b}_1$ 是从向量 $\boldsymbol{a}_1$ 的起点指向向量 $\boldsymbol{b}_1$ 的终点的向量，即“首尾相接，由始至终”.

(2)先将 $\boldsymbol{b}_2$ 平行移动，使其起点与 $\boldsymbol{a}_2$ 的终点重合，让两个向量首尾相接，和向量 $\boldsymbol{a}_2+\boldsymbol{b}_2$ 就是从向量 $\boldsymbol{a}_2$ 的起点指向平移后的向量 $\boldsymbol{b}_2$ 的终点的向量.

解　和向量的作法如图 4-8 所示.

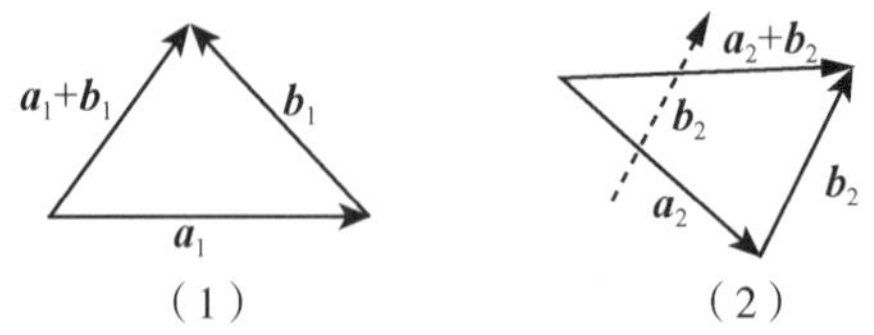

图 4-8

例 2　求下列各题的和向量.

(1) $\overrightarrow{AB}+\overrightarrow{BC}+\overrightarrow{CD}$；

(2) $\overrightarrow{AB}+\overrightarrow{BC}+\overrightarrow{CD}+\overrightarrow{DA}$.

分析　根据向量加法的**三角形法则**可知：$\overrightarrow{AB}+\overrightarrow{BC}=\overrightarrow{AC}$，若 n 个向量相加，则通过平移，顺次使前一个向量的终点与后一个向量的起点重合，首尾相接组成一组向量折线，这 n 个向量的和就是这组向量折线中，第一个向量的起点指向最后一个向量的终点的向量，即 $\overrightarrow{A_0A_1}+\overrightarrow{A_1A_2}+\cdots+\overrightarrow{A_{n-1}A_n}=\overrightarrow{A_0A_n}$，如第(1)题. 特别地，若第一个向量的起点与最后一个向量的终点重合，则结果为**零向量**，即 $\overrightarrow{A_0A_1}+\overrightarrow{A_1A_2}+\cdots+\overrightarrow{A_{n-1}A_0}=\mathbf{0}$，如第(2)题.

解　(1) $\overrightarrow{AB}+\overrightarrow{BC}+\overrightarrow{CD}=\overrightarrow{AD}$；(2) $\overrightarrow{AB}+\overrightarrow{BC}+\overrightarrow{CD}+\overrightarrow{DA}=\mathbf{0}$.

基础训练

改错与反思

一、选择题

1. 在△ABC 中，D，E，F 分别为 AB，BC，CA 的中点，则 $\overrightarrow{DE}+\overrightarrow{FC}$ 等于(　　).

A. $\overrightarrow{AB}$　　B. $\overrightarrow{BC}$　　C. $\overrightarrow{AC}$　　D. $\overrightarrow{AE}$

2. 如图 4-9 所示，四边形 $ABCD$ 是梯形，$AD\parallel BC$，对角线 AC 与 BD 相交于点 O，则 $\overrightarrow{OA}+\overrightarrow{BC}+\overrightarrow{AB}+\overrightarrow{DO}$ 等于(　　).

A. $\overrightarrow{CD}$　　B. $\overrightarrow{DC}$

C. $\overrightarrow{DA}$　　D. $\overrightarrow{DO}$

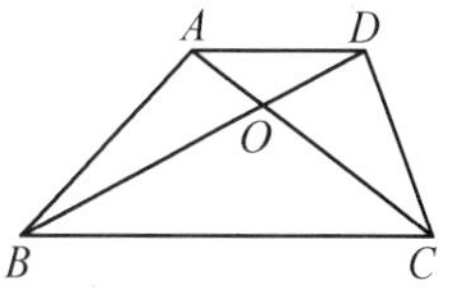

图 4-9

3. 已知 D，E，F 分别是△ABC 的边 AB，BC，CA 的中点(见图 4-10)，则下列等式中不正确的是(　　).

A. $\overrightarrow{FD}+\overrightarrow{DA}=\overrightarrow{FA}$

B. $\overrightarrow{FD}+\overrightarrow{DE}+\overrightarrow{EF}=\mathbf{0}$

C. $\overrightarrow{DE}+\overrightarrow{DA}=\overrightarrow{EC}$

D. $\overrightarrow{DA}+\overrightarrow{DE}=\overrightarrow{FD}$

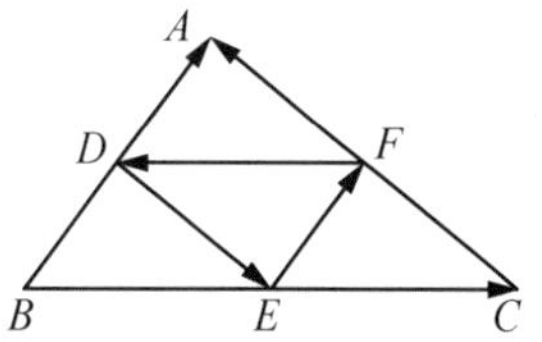

图 4-10

4. 在四边形 $ABCD$ 中，$\overrightarrow{AC}=\overrightarrow{AB}+\overrightarrow{AD}$，则四边形 $ABCD$ 是(　　).

A. 矩形　　B. 菱形　　C. 正方形　　D. 平行四边形

二、填空题

5. 化简 $\overrightarrow{AB}+\overrightarrow{MB}+\overrightarrow{BO}+\overrightarrow{BC}+\overrightarrow{OM}=$________.

6. $\overrightarrow{AB}+\overrightarrow{BC}+\overrightarrow{CD}+\overrightarrow{DA}=$________.

7. 一条河宽为 8 000 m，一艘船从 A 处出发垂直航行到达河正对岸的 B 处，船速为 20 km/h，水速为 12 km/h，则船到达 B 处所需时间为________ h.

三、解答题

8. 如图 4-11 所示，在$\triangle ABC$ 中，O 为重心，D，E，F 分别是 BC，AC，AB 的中点，化简下列各式：

(1)$\overrightarrow{BC}+\overrightarrow{CE}+\overrightarrow{EA}$；

(2)$\overrightarrow{OE}+\overrightarrow{AB}+\overrightarrow{EA}$；

(3)$\overrightarrow{AB}+\overrightarrow{FE}+\overrightarrow{DC}$.

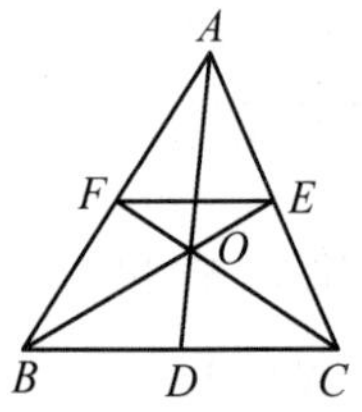

图 4-11

提高训练

9. 如图 4-12 所示，平行四边形 $ABCD$ 中，O 为对角线 AC，BD 的交点，E，F，G，H 分别是 AB，BC，CD，DA 的中点，化简下列各式：

(1)$\overrightarrow{BO}+\overrightarrow{DH}+\overrightarrow{FB}+\overrightarrow{OD}$；

(2)$\overrightarrow{AH}+\overrightarrow{AE}+\overrightarrow{OF}+\overrightarrow{OG}$.

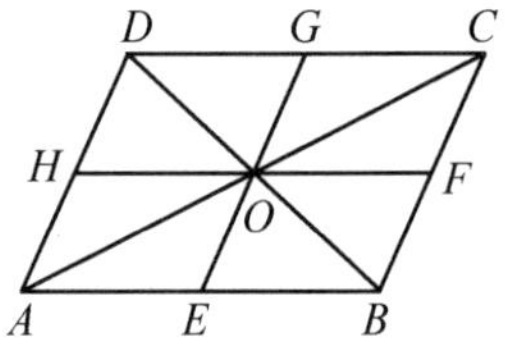

图 4-12

10. 如图 4-13 所示，已知 D，E，F 分别为$\triangle ABC$ 的三边 BC，AC，AB 的中点，求证：$\overrightarrow{AD}+\overrightarrow{BE}+\overrightarrow{CF}=\mathbf{0}$.

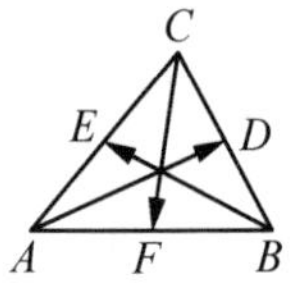

图 4-13

4.2.2　平面向量的减法

知识要点

笔　记

1. 在向量运算中，减去一个向量等于加上这个向量的**相反向量**. 求两个向量差的运算，叫作**向量的减法**，即 $a-b=a+(-b)$.

2. 如图 4-14 所示，一般地，当非零向量 $\boldsymbol{a}$，$\boldsymbol{b}$ 不共线时，在平面上任取一点 A，依次作 $\overrightarrow{AB}=\boldsymbol{a}$，$\overrightarrow{BC}=-\boldsymbol{b}$，因为 $\boldsymbol{a}-\boldsymbol{b}=\boldsymbol{a}+(-\boldsymbol{b})$，对向量 $\boldsymbol{a}$ 与向量 $(-\boldsymbol{b})$ 使用向量加法的三角形法则，得

$$\boldsymbol{a}-\boldsymbol{b}=\boldsymbol{a}+(-\boldsymbol{b})=\overrightarrow{AB}+\overrightarrow{BC}=\overrightarrow{AC}.$$

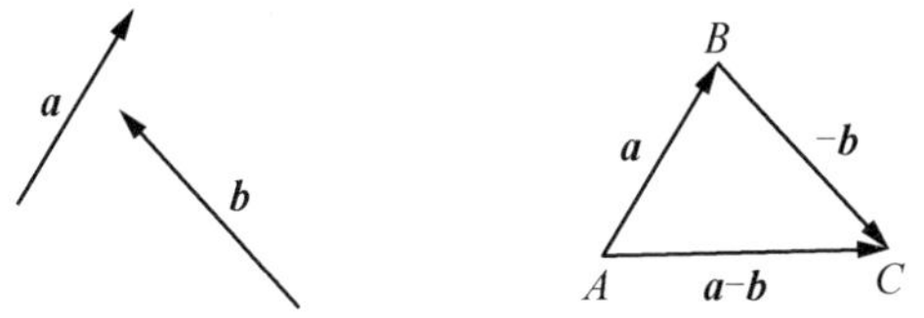

图 4-14

3. 向量减法的几何意义是：$\boldsymbol{a}-\boldsymbol{b}$ 表示把 $\boldsymbol{a}$ 与 $\boldsymbol{b}$ 平移到同一起点后，向量 $\boldsymbol{b}$ 的终点指向向量 $\boldsymbol{a}$ 的终点的向量(见图 4-15).

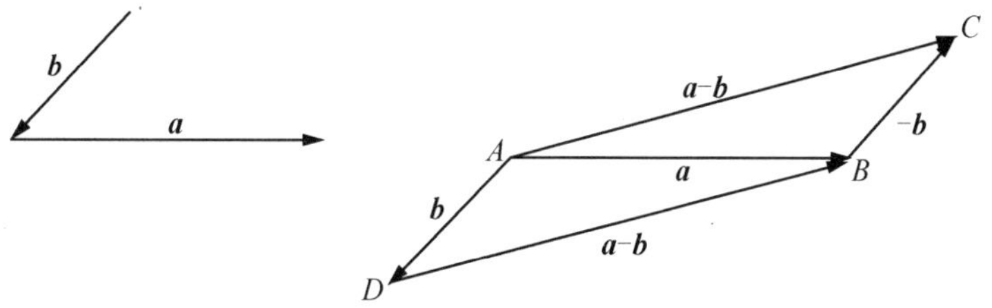

图 4-15

典型例题

例 1　如图 4-16 所示，已知向量 $\boldsymbol{a}$，$\boldsymbol{b}$，求作向量 $\boldsymbol{a}-\boldsymbol{b}$.

分析　向量减法作图的常用方法有两种.

1. 定义法：向量减法是通过引入相反向量的概念并结合向量加法给出的. 向量 $\boldsymbol{a}$ 加上向量 $\boldsymbol{b}$ 的相反向量，可得向量 $\boldsymbol{a}$ 与向量 $\boldsymbol{b}$ 的差，即 $\boldsymbol{a}-\boldsymbol{b}=\boldsymbol{a}+(-\boldsymbol{b})$.

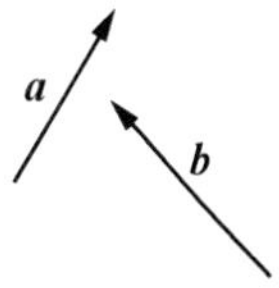

图 4-16

2. 几何意义法：把 $\boldsymbol{a}$ 与 $\boldsymbol{b}$ 平移到同一起点后，向量 $\boldsymbol{b}$ 的终点指向向量 $\boldsymbol{a}$ 的终点的向量就是 $\boldsymbol{a}-\boldsymbol{b}$.

解　1. 定义法：

如图 4-17 所示，在平面上任取一点 A，依次作 $\overrightarrow{AB}=\boldsymbol{a}$，$\overrightarrow{BC}=-\boldsymbol{b}$，因

为 $\boldsymbol{a}-\boldsymbol{b}=\boldsymbol{a}+(-\boldsymbol{b})$，对向量 $\boldsymbol{a}$ 与向量 $(-\boldsymbol{b})$ 使用向量加法的三角形法则，得

$$\boldsymbol{a}-\boldsymbol{b}=\boldsymbol{a}+(-\boldsymbol{b})=\overrightarrow{AB}+\overrightarrow{BC}=\overrightarrow{AC}.$$

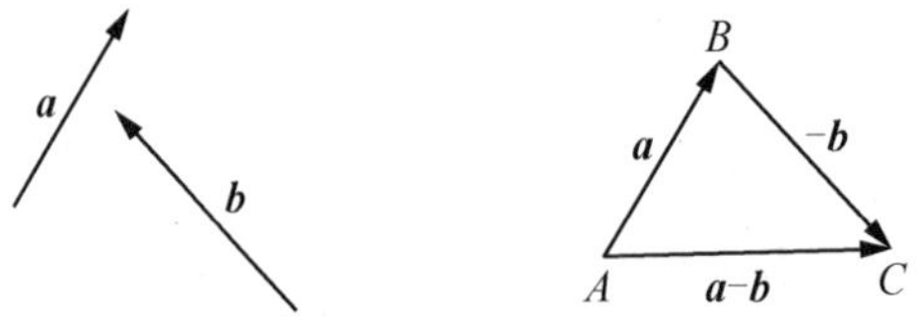

图 4-17

2. 几何意义法：

如图 4-18 所示，把 $\boldsymbol{a}$ 与 $\boldsymbol{b}$ 平移到同一起点后，向量 $\boldsymbol{b}$ 的终点指向向量 $\boldsymbol{a}$ 的终点的向量就是 $\boldsymbol{a}-\boldsymbol{b}$.

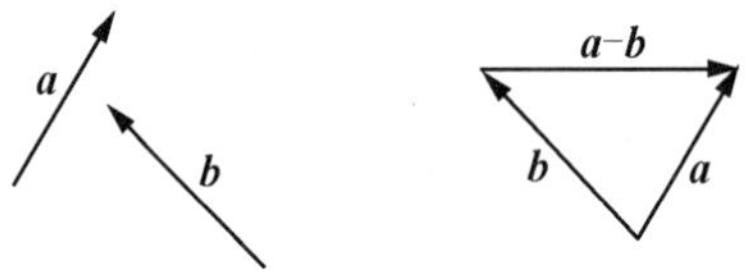

图 4-18

例 2　下列等式正确的是(　　).

A. $\overrightarrow{AD}-\overrightarrow{AO}=\overrightarrow{DO}$　　B. $\overrightarrow{AD}+\overrightarrow{OA}=\overrightarrow{DO}$

C. $\overrightarrow{AD}+\overrightarrow{DB}=\overrightarrow{BD}$　　D. $\overrightarrow{BD}-\overrightarrow{CD}=\overrightarrow{BC}$

分析　因为 $\overrightarrow{AD}-\overrightarrow{AO}=\overrightarrow{AD}+(-\overrightarrow{AO})=\overrightarrow{AD}+\overrightarrow{OA}=\overrightarrow{OA}+\overrightarrow{AD}=\overrightarrow{OD}$，$\overrightarrow{AD}+\overrightarrow{OA}=\overrightarrow{OA}+\overrightarrow{AD}=\overrightarrow{OD}$，$\overrightarrow{AD}+\overrightarrow{DB}=\overrightarrow{AB}$，所以选项 A，B，C 错误. 而 $\overrightarrow{BD}-\overrightarrow{CD}=\overrightarrow{BD}+(-\overrightarrow{CD})=\overrightarrow{BD}+\overrightarrow{DC}=\overrightarrow{BC}$，所以选项 D 正确.

解　正确的是选项 D.

基础训练

改错与反思

一、选择题

1. 化简下列各式：① $\overrightarrow{AB}+\overrightarrow{BC}+\overrightarrow{CA}$；② $\overrightarrow{AB}-\overrightarrow{AC}+\overrightarrow{BD}-\overrightarrow{CD}$；③ $\overrightarrow{OA}-\overrightarrow{OD}+\overrightarrow{AD}$；④ $\overrightarrow{NQ}+\overrightarrow{QP}+\overrightarrow{MN}-\overrightarrow{MP}$. 其中结果为零向量的有(　　).

A. 1 个　　B. 2 个　　C. 3 个　　D. 4 个

2. 在边长为 1 的正三角形 ABC 中，$|\overrightarrow{AB}-\overrightarrow{BC}|$ 的值为(　　).

A. 1　　B. 2　　C. $\dfrac{\sqrt{3}}{2}$　　D. $\sqrt{3}$

3. 下列各式不能化简为 $\overrightarrow{PQ}$ 的是(　　).

A. $\overrightarrow{AB}+(\overrightarrow{PA}+\overrightarrow{BQ})$　　B. $(\overrightarrow{AB}+\overrightarrow{PC})+(\overrightarrow{BA}-\overrightarrow{QC})$

C. $\overrightarrow{QC}-\overrightarrow{QP}+\overrightarrow{CQ}$　　　　D. $\overrightarrow{PA}+\overrightarrow{AB}-\overrightarrow{BQ}$

4. 在△ABC 中，$\overrightarrow{BC}=\boldsymbol{a}$，$\overrightarrow{CA}=\boldsymbol{b}$，则 $\overrightarrow{AB}$ 等于(　　).

A. $\boldsymbol{a}+\boldsymbol{b}$　　B. $-\boldsymbol{a}+(-\boldsymbol{b})$　　C. $\boldsymbol{a}-\boldsymbol{b}$　　D. $\boldsymbol{b}-\boldsymbol{a}$

5. 给出下列向量等式：①$\overrightarrow{AB}+\overrightarrow{CA}+\overrightarrow{BC}=\boldsymbol{0}$；②$\overrightarrow{AB}-\overrightarrow{AC}-\overrightarrow{BC}=\boldsymbol{0}$；③$\overrightarrow{AC}-\overrightarrow{BC}-\overrightarrow{AB}=\boldsymbol{0}$. 其中正确的有(　　).

A. 0 个　　B. 1 个　　C. 2 个　　D. 3 个

6. 如图 4-19 所示，向量 $\overrightarrow{AB}=\boldsymbol{a}$，$\overrightarrow{AC}=\boldsymbol{b}$，$\overrightarrow{CD}=\boldsymbol{c}$，则向量 $\overrightarrow{BD}$ 可以表示为(　　).

A. $\boldsymbol{a}+\boldsymbol{b}+\boldsymbol{c}$

B. $\boldsymbol{a}-\boldsymbol{b}+\boldsymbol{c}$

C. $\boldsymbol{b}-\boldsymbol{a}+\boldsymbol{c}$

D. $\boldsymbol{b}-\boldsymbol{a}-\boldsymbol{c}$

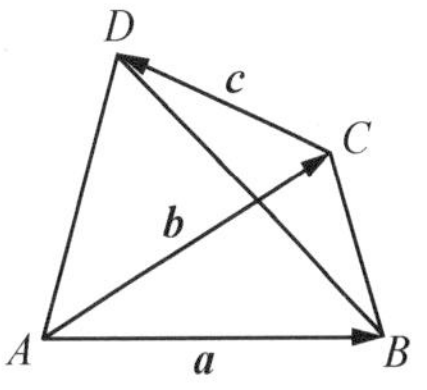

图 4-19

二、填空题

7. 已知 A，B，C，D 是平面上四个点，则 $\overrightarrow{AB}-\overrightarrow{CB}+\overrightarrow{CD}=$________.

8. 如图 4-20 所示，已知 $ABCDEF$ 是一个正六边形，O 是它的中心，其中 $\overrightarrow{OB}=\boldsymbol{b}$，$\overrightarrow{OC}=\boldsymbol{c}$，则 $\overrightarrow{EF}=$________(用 $\boldsymbol{b}$，$\boldsymbol{c}$ 表示 $\overrightarrow{EF}$).

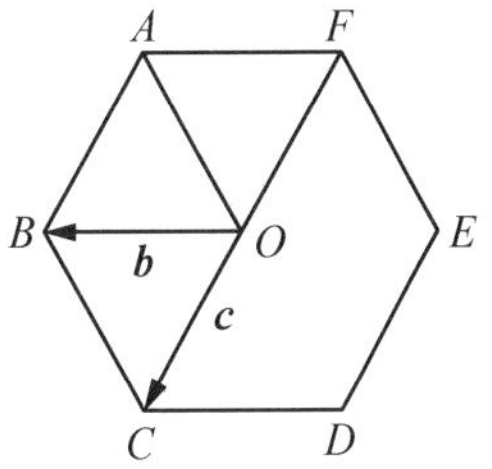

图 4-20

提高训练

9. 化简下列各式.

(1)$\overrightarrow{MP}-\overrightarrow{MN}$；

(2)$(\overrightarrow{OA}-\overrightarrow{OB})-\overrightarrow{BC}$.

10. 求证：$\overrightarrow{AO}-\overrightarrow{BO}=\overrightarrow{AB}$.

4.2.3　平面向量的数乘运算

知识要点

笔记

1. **实数**与向量的乘法运算叫作**向量的数乘运算**.

2. 数乘向量 $\lambda\boldsymbol{a}$ 的几何意义是把向量 $\boldsymbol{a}$ 沿着相同或相反的方向，伸长或缩短到原来的 $|\lambda|$ 倍，这些向量均为共线向量. 当 $\boldsymbol{a}\neq\boldsymbol{0}$，当 $\lambda>0$ 时，$\lambda\boldsymbol{a}$ 与 $\boldsymbol{a}$ 方向相同，$|\lambda\boldsymbol{a}|=\lambda|\boldsymbol{a}|$；当 $\lambda<0$ 时，$\lambda\boldsymbol{a}$ 与 $\boldsymbol{a}$ 方向相反，$|\lambda\boldsymbol{a}|=-\lambda|\boldsymbol{a}|$.

3. 向量的加法、减法、数乘运算都叫作**向量的线性运算**.

4. 向量共线的判定：对于向量 $\boldsymbol{a}(\boldsymbol{a}\neq\boldsymbol{0})$，$\boldsymbol{b}$，如果有一个实数 λ，使 $\boldsymbol{b}=\lambda\boldsymbol{a}$，那么由数乘向量的定义知，$\boldsymbol{a}$ 与 $\boldsymbol{b}$ 共线.

5. 向量共线的性质：若向量 $\boldsymbol{a}(\boldsymbol{a}\neq\boldsymbol{0})$与 $\boldsymbol{b}$ 共线，则当且仅当存在唯一一个实数 λ，使 $\boldsymbol{b}=\lambda\boldsymbol{a}$.

典型例题

例 1　已知 $\boldsymbol{b}=2\boldsymbol{a}$，$\boldsymbol{c}=\boldsymbol{b}-5\boldsymbol{a}$，求证：$\boldsymbol{c}/\!/\boldsymbol{a}$.

分析　对于向量 $\boldsymbol{a}(\boldsymbol{a}\neq\boldsymbol{0})$，$\boldsymbol{b}$，如果有一个实数 λ，使 $\boldsymbol{b}=\lambda\boldsymbol{a}$，那么由数乘向量的定义知，$\boldsymbol{a}$ 与 $\boldsymbol{b}$ 共线.

证明　因为 $\boldsymbol{b}=2\boldsymbol{a}$，所以 $\boldsymbol{c}=\boldsymbol{b}-5\boldsymbol{a}=2\boldsymbol{a}-5\boldsymbol{a}=-3\boldsymbol{a}$.

因此 $\boldsymbol{c}/\!/\boldsymbol{a}$.

例 2　如图 4-21 所示，已知向量 $\boldsymbol{a}$，$\boldsymbol{b}$，$\boldsymbol{c}$，$\boldsymbol{d}$，用 $\boldsymbol{a}$ 分别表示 $\boldsymbol{b}$，$\boldsymbol{c}$，$\boldsymbol{d}$.

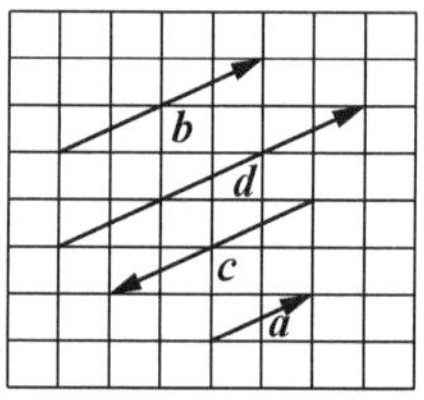

图 4-21

分析　向量 $\boldsymbol{a}$ 与 $\boldsymbol{b}$ 共线，$\boldsymbol{a}\neq\boldsymbol{0}$，且 $|\boldsymbol{b}|=\mu|\boldsymbol{a}|$，即向量 $\boldsymbol{b}$ 的模是向量 $\boldsymbol{a}$ 的模的 μ 倍，那么当 $\boldsymbol{a}$ 与 $\boldsymbol{b}$ 同方向时，有 $\boldsymbol{b}=\mu\boldsymbol{a}$，当 $\boldsymbol{a}$ 与 $\boldsymbol{b}$ 反方向时，有 $\boldsymbol{b}=-\mu\boldsymbol{a}$.

解　$\boldsymbol{a}$ 与 $\boldsymbol{b}$ 同方向，向量 $\boldsymbol{b}$ 的模是向量 $\boldsymbol{a}$ 的模的 2 倍，所以 $\boldsymbol{b}=2\boldsymbol{a}$；

$\boldsymbol{a}$ 与 $\boldsymbol{c}$ 反方向，向量 $\boldsymbol{c}$ 的模是向量 $\boldsymbol{a}$ 的模的 2 倍，所以 $\boldsymbol{c}=-2\boldsymbol{a}$；

$\boldsymbol{a}$ 与 $\boldsymbol{d}$ 同方向，向量 $\boldsymbol{d}$ 的模是向量 a 的模的 3 倍，所以 $d=3a$.

基础训练

改错与反思

一、选择题

1. 如图 4-22 所示，在平行四边形 $ABCD$ 中，E 是 BC 的中点，若 $\overrightarrow{AB}=\boldsymbol{a}$，$\overrightarrow{AD}=\boldsymbol{b}$，则 $\overrightarrow{DE}$ 等于(　　).

A. $\frac{1}{2}\boldsymbol{a}-\boldsymbol{b}$

B. $\frac{1}{2}\boldsymbol{a}+\boldsymbol{b}$

C. $\boldsymbol{a}+\frac{1}{2}\boldsymbol{b}$

D. $\boldsymbol{a}-\frac{1}{2}\boldsymbol{b}$

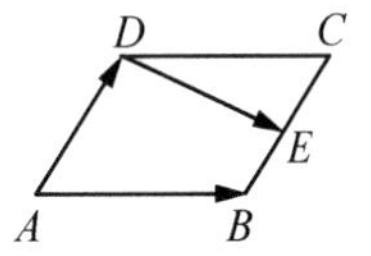

图 4-22

2. 如图 4-23 所示，在梯形 $ABCD$ 中，$BC=2AD$，$DE=EC$，设 $\overrightarrow{BA}=\boldsymbol{a}$，$\overrightarrow{BC}=\boldsymbol{b}$，则 $\overrightarrow{BE}=$(　　).

A. $\frac{1}{2}\boldsymbol{a}+\frac{1}{4}\boldsymbol{b}$　　B. $\frac{1}{3}\boldsymbol{a}+\frac{5}{6}\boldsymbol{b}$

C. $\frac{2}{3}\boldsymbol{a}+\frac{2}{3}\boldsymbol{b}$　　D. $\frac{1}{2}\boldsymbol{a}+\frac{3}{4}\boldsymbol{b}$

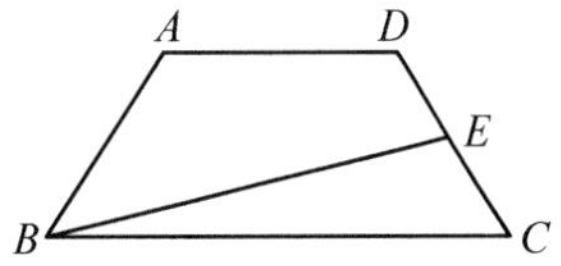

图 4-23

3. 如图 4-24 所示，已知 $\overrightarrow{AB}=\boldsymbol{a}$，$\overrightarrow{AC}=\boldsymbol{b}$，$\overrightarrow{BC}=4\overrightarrow{BD}$，$\overrightarrow{CA}=3\overrightarrow{CE}$，则 $\overrightarrow{DE}=$(　　).

A. $\frac{3}{4}\boldsymbol{b}-\frac{1}{3}\boldsymbol{a}$

B. $\frac{5}{12}\boldsymbol{b}-\frac{3}{4}\boldsymbol{a}$

C. $\frac{3}{4}\boldsymbol{a}-\frac{1}{3}\boldsymbol{b}$

D. $\frac{5}{12}\boldsymbol{a}-\frac{3}{4}\boldsymbol{b}$

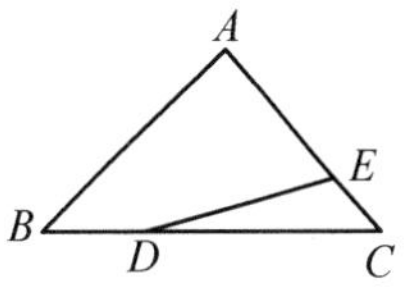

图 4-24

4. 已知正方形 $ABCD$ 的边长为$\sqrt{2}$，则 $|\overrightarrow{AB}+2\overrightarrow{AC}+\overrightarrow{AD}|=$(　　).

A. 2　　B. $2\sqrt{2}$　　C. 4　　D. 6

二、填空题

5. 化简：$5(2\boldsymbol{a}-2\boldsymbol{b})+4(2\boldsymbol{b}-3\boldsymbol{a})=$________.

6. 设点 P 是$\triangle ABC$ 所在平面内一点，且 $\overrightarrow{BC}+\overrightarrow{BA}=2\overrightarrow{BP}$，则 $\overrightarrow{PC}+\overrightarrow{PA}=$________.

7. 如图 4-25 所示，点 M 是$\triangle ABC$ 的边 BC 的中点，点 E 在边 AC 上，且 $\overrightarrow{EC}=2\overrightarrow{AE}$，则向量 $\overrightarrow{EM}=$________(用 $\overrightarrow{AB}$，$\overrightarrow{AC}$ 表示).

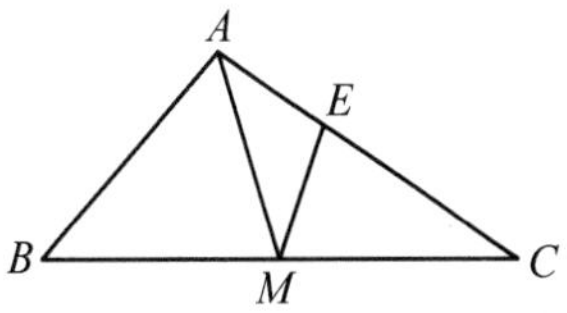

图 4-25

三、解答题

8. 化简：$\frac{1}{2}(2\boldsymbol{a}-\boldsymbol{b}+4\boldsymbol{c})-5\left(\frac{2}{3}\boldsymbol{a}-\frac{1}{2}\boldsymbol{b}+\frac{2}{3}\boldsymbol{c}\right)+2\left(\boldsymbol{a}+\boldsymbol{b}+\frac{1}{2}\boldsymbol{c}\right)$.

9. 如图 4-26 所示，$\triangle ABC$ 与 $\triangle DEF$ 中，$\overrightarrow{AB}=\frac{1}{3}\overrightarrow{DE}$，$\overrightarrow{AC}=\frac{1}{3}\overrightarrow{DF}$，求 $\overrightarrow{BC}$ 与 $\overrightarrow{EF}$ 的关系，并求出$\triangle ABC$ 与$\triangle DEF$ 的面积之比.

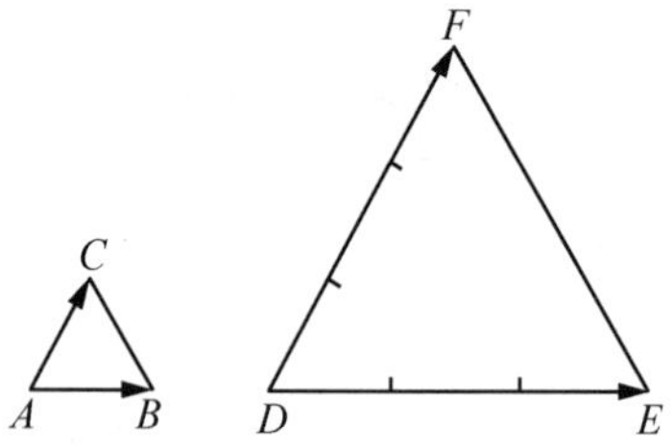

图 4-26

提高训练

10. 设 $\boldsymbol{a}$，$\boldsymbol{b}$ 是不共线的两个向量.

(1)若 $\overrightarrow{OA}=2\boldsymbol{a}-\boldsymbol{b}$，$\overrightarrow{OB}=3\boldsymbol{a}+\boldsymbol{b}$，$\overrightarrow{OC}=\boldsymbol{a}-3\boldsymbol{b}$，求证：$A$，$B$，$C$ 三点共线；

(2)若 $8\boldsymbol{a}+k\boldsymbol{b}$ 与 $k\boldsymbol{a}+2\boldsymbol{b}$ 共线，求实数 k 的值.

11. 已知 $\boldsymbol{a}$，$\boldsymbol{b}$ 为不共线的平面向量，$\overrightarrow{AB}=\boldsymbol{a}+\boldsymbol{b}$，$\overrightarrow{BC}=2\boldsymbol{a}+8\boldsymbol{b}$，$\overrightarrow{CD}=3(\boldsymbol{a}-\boldsymbol{b})$.

(1)求证：A，B，D 三点共线；

(2)设 E 是线段 BC 中点，用 $\boldsymbol{a}$，$\boldsymbol{b}$ 表示 $\overrightarrow{AE}$.

数学窗

陈景润(1933—1996)，福建福州人，中国著名数学家.

陈景润

陈景润1949年至1953年就读于厦门大学数学系，1953年9月到北京四中任教. 1955年2月由当时厦门大学的校长王亚南先生举荐，回母校厦门大学数学系任助教. 1957年10月，由于华罗庚教授的赏识，陈景润被调到中国科学院数学研究所. 陈景润继承前人成果，吸取前人智慧，以坚韧不拔的毅力，顽强地向哥德巴赫猜想挺进. 1966年，他发表了深受世界数学界重视的著名论文《表大偶数为一个素数及一个不超过二个素数的乘积之和》(简称“1+2”)，他的成果被外国数学家誉为“陈氏定理”，是“筛法的光辉的顶点”. 他为祖国增添了荣誉，为推动我国学术繁荣做出了极大的贡献. 1973年发表了“1+2”的详细证明，被公认为是对哥德巴赫猜想研究的重大贡献. 这项工作还使他与王元、潘承洞在1978年共同获得中国自然科学奖一等奖. 1980年，陈景润当选中国科学院物理学数学部委员(院士)，1981年3月，当选为中国科学院学部委员(院士)，曾任国家科委数学学科组成员、中国科学院原数学研究所研究员. 1992年，陈景润任《数学学报》主编，同年荣获首届华罗庚数学奖.

(部分内容摘自华罗庚:《数学家谈怎样学数学》，哈尔滨，黑龙江教育出版社，1986.)

4.3　平面向量的直角坐标系

4.3.1　平面向量的直角坐标及其运算

知识要点

笔　记

1. 在平面直角坐标系中，分别在 x 轴和 y 轴上取单位向量 $\boldsymbol{i}$，$\boldsymbol{j}$，使其起点均为原点，方向分别与 x 轴、y 轴的正向相同. 对于任意一个向量 $\boldsymbol{a}$，有且只有一对实数 x，y 使得 $\boldsymbol{a}=x\boldsymbol{i}+y\boldsymbol{j}$，则 (x, y) 叫作**向量 $\boldsymbol{a}$ 的坐标**，记作 $\boldsymbol{a}=(x, y)$. 注意：

(1)所有与 $\boldsymbol{a}$ 相等的向量的坐标都是 (x, y).

(2)在平面直角坐标系中，一个向量的坐标等于表示此向量的有向线段的终点坐标减去起点坐标.

2. 向量的坐标运算：

(1)若 $\boldsymbol{a}=(x_1, y_1)$，$\boldsymbol{b}=(x_2, y_2)$，则 $\boldsymbol{a}+\boldsymbol{b}=(x_1+x_2, y_1+y_2)$，$\boldsymbol{a}-\boldsymbol{b}=(x_1-x_2, y_1-y_2)$，**即两个向量的和与差的坐标分别等于这两个向量相应坐标的和与差.**

(2)若 $\boldsymbol{c}=(x, y)$，λ 为一实数，则 $\lambda\boldsymbol{c}=(\lambda x, \lambda y)$，**即实数 λ 与向量乘积的坐标等于用这个实数乘原来向量的相应的坐标.**

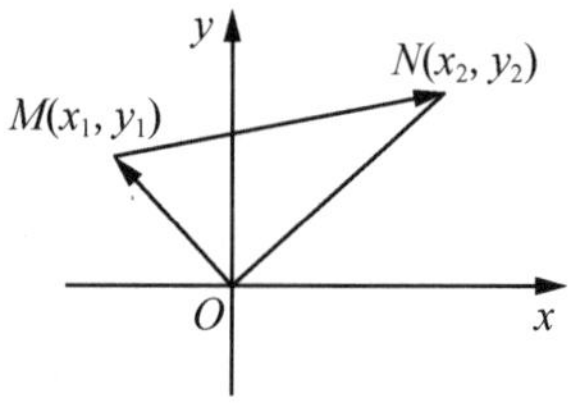

图 4-27

3. 如图 4-27 所示，一般地，**在平面直角坐标系中，一个向量的坐标等于表示此向量的有向线段的终点坐标减去起点坐标**，即 $M(x_1, y_1)$，$N(x_2, y_2)$，则 $\overrightarrow{MN}=(x_2-x_1, y_2-y_1)$.

典型例题

例 1　已知 $\boldsymbol{a}=(1, 2)$，$\boldsymbol{b}=(-3, 4)$，求 $\boldsymbol{a}+\boldsymbol{b}$，$\boldsymbol{a}-\boldsymbol{b}$，$2\boldsymbol{a}+\boldsymbol{b}$ 的坐标.

分析　平面直角坐标系中，$\boldsymbol{a}=(x_1, y_1)$，$\boldsymbol{b}=(x_2, y_2)$，则 $\boldsymbol{a}+\boldsymbol{b}=(x_1+x_2, y_1+y_2)$，$\boldsymbol{a}-\boldsymbol{b}=(x_1-x_2, y_1-y_2)$，若 $\boldsymbol{c}=(x, y)$，λ 为一实数，则 $\lambda\boldsymbol{c}=(\lambda x, \lambda y)$.

解　$\boldsymbol{a}+\boldsymbol{b}=(1, 2)+(-3, 4)=(-2, 6)$；$\boldsymbol{a}-\boldsymbol{b}=(1, 2)-(-3, 4)=(4, -2)$；

$2\boldsymbol{a}+\boldsymbol{b}=2(1, 2)+(-3, 4)=(2, 4)+(-3, 4)=(-1, 8)$.

例 2 已知 $A(2, 3)$，$B(-1, 4)$，求 $\overrightarrow{AB}$ 的坐标.

分析 一个向量的坐标等于表示此向量的有向线段的终点坐标减去起点坐标.

解 $\overrightarrow{AB}=(-1, 4)-(2, 3)=(-3, 1)$.

基础训练

改错与反思

一、选择题

1. 已知点 $A(1, 3)$，$B(4, -1)$，则 $|\overrightarrow{AB}|=$(　　).

A. 5　　B. 4　　C. $3\sqrt{2}$　　D. 2

2. 已知向量 $\boldsymbol{a}=(1, 2)$，$2\boldsymbol{a}+\boldsymbol{b}=(3, 2)$，则 $\boldsymbol{b}=$(　　).

A. $(1, -2)$　　B. $(1, 2)$　　C. $(5, 6)$　　D. $(2, 0)$

3. 已知向量 $\boldsymbol{a}=(3, 4)$，$\boldsymbol{b}=(1, 2)$，则 $2\boldsymbol{b}-\boldsymbol{a}=$(　　).

A. $(-1, 0)$　　B. $(1, 0)$　　C. $(2, 2)$　　D. $(5, 6)$

4. 设若向量 $\overrightarrow{AB}=(1, 2)$，且 A 点坐标为$(2, 3)$，则 B 点坐标为(　　).

A. $(2, 6)$　　B. $(3, 5)$　　C. $(1, 1)$　　D. $(-1, -1)$

二、填空题

5. 已知 $A(6, 2)$，$B(-2, -4)$，且 $\overrightarrow{AC}=\overrightarrow{CB}$，则点 C 的坐标是________.

6. 已知 $A(-2, 5)$，$B(10, -3)$，点 P 在直线 AB 上，且 $\overrightarrow{PA}=-\frac{1}{3}\overrightarrow{PB}$，则点 P 的坐标是________.

三、解答题

7. 平面内给定三个向量 $\boldsymbol{a}=(3, 2)$，$\boldsymbol{b}=(-1, 2)$，$\boldsymbol{c}=(4, 1)$. 求 $|3\boldsymbol{a}+\boldsymbol{b}-2\boldsymbol{c}|$.

8. 已知 $\boldsymbol{a}=(1,2)$，$\boldsymbol{b}=(2,3)$，实数 x，y 满足等式 $x\boldsymbol{a}+y\boldsymbol{b}=(3,4)$，求 x，y.

提高训练

9. 已知向量 $\overrightarrow{AB}=(4,3)$，$\overrightarrow{AD}=(-3,-1)$，点 $A(-1,-2)$.

(1)求点 B 和点 D 的坐标；

(2)若点 $P(2,y)$满足 $\overrightarrow{PB}=\lambda\overrightarrow{BD}(\lambda\in\mathbf{R})$，求 y 与 λ 的值.

10. 已知平面内的三个向量 $\boldsymbol{a}=(3,2)$，$\boldsymbol{b}=(-1,2)$，$\boldsymbol{c}=(4,1)$.

(1)求 $|\boldsymbol{b}-\boldsymbol{c}|$ 的值；

(2)若 $\boldsymbol{a}=\lambda\boldsymbol{b}+\mu\boldsymbol{c}(\lambda,\mu\in\mathbf{R})$，求 $\lambda+\mu$ 的值.

11. 已知点 $A(1,-2)$和向量 $\boldsymbol{a}=(2,3)$. 若 $\overrightarrow{AB}=\lambda a(\lambda\in\mathbf{R})$，且 $|\overrightarrow{AB}|=2\sqrt{13}$，求点 B 的坐标.

4.3.2　平面向量平行的坐标表示

知识要点

笔　记

在平面直角坐标系中，设 $\boldsymbol{a}=(x_1,y_1)$，$\boldsymbol{b}=(x_2,y_2)$，

$$\boldsymbol{a}/\!/\boldsymbol{b}\Leftrightarrow x_1y_2=x_2y_1.$$

特别地，当 $\boldsymbol{a}$ 与 $\boldsymbol{b}$ 均不与坐标轴平行时，

$$\boldsymbol{a}/\!/\boldsymbol{b}\Leftrightarrow\frac{x_1}{x_2}=\frac{y_1}{y_2}(x_2\neq 0\text{ 且 }y_2\neq 0).$$

典型例题

例 已知 $A(1,-2)$，$B(4,3)$，$C(2,y)$，且 A，B，C 三点共线，求点 C 的坐标.

分析 若两个非零向量 $\boldsymbol{a}=(x_1,y_1)$，$\boldsymbol{b}=(x_2,y_2)$，则 $\boldsymbol{a}/\!/\boldsymbol{b}\Leftrightarrow x_1y_2=x_2y_1$；

特别地，当 $\boldsymbol{a}$ 与 $\boldsymbol{b}$ 均不与坐标轴平行时，$\boldsymbol{a}/\!/\boldsymbol{b}\Leftrightarrow\dfrac{x_1}{x_2}=\dfrac{y_1}{y_2}(x_2\neq0$ 且 $y_2\neq0)$.

解 $\overrightarrow{AB}=(4,3)-(1,-2)=(3,5)$，

$\overrightarrow{AC}=(2,y)-(1,-2)=(1,y+2)$，

且 A，B，C 三点共线，可得 $\overrightarrow{AB}/\!/\overrightarrow{AC}$，所以 $3\times(y+2)=1\times5$，

解得 $y=-\dfrac{1}{3}$，所以点 C 的坐标是 $\left(2,-\dfrac{1}{3}\right)$.

基础训练

改错与反思

一、选择题

1. 设向量 $\boldsymbol{a}=(1,1)$，$\boldsymbol{b}=(2,m)$，若 $\boldsymbol{a}/\!/(\boldsymbol{a}+2\boldsymbol{b})$，则实数 m 的值为(　　).

A. 1　　B. 2　　C. 3　　D. 4

2. 已知点 $A(-1,2)$，$B(2,y)$，向量 $\boldsymbol{a}=(1,2)$，若 $\overrightarrow{AB}/\!/\boldsymbol{a}$，则实数 y 的值为(　　).

A. 5　　B. 6　　C. 7　　D. 8

3. 若 $A(3,-6)$，$B(-5,2)$，$C(6,y)$三点共线，则 $y=$(　　).

A. 13　　B. -13　　C. 9　　D. -9

4. 已知 A，B，C 三点在一条直线上，且 $A(3,-6)$，$B(-5,2)$，若 C 点的横坐标为 6，则 C 点的纵坐标为(　　).

A. -13　　B. 9　　C. -9　　D. 13

二、填空题

5. 已知向量 $\boldsymbol{a}$，$\boldsymbol{b}$ 不共线，且$(k\boldsymbol{a}-4\boldsymbol{b})/\!/(\boldsymbol{a}-k\boldsymbol{b})$，则 $k=$________.

6. 设 x 为实数，已知向量 $\boldsymbol{a}=(2,1)$，$\boldsymbol{b}=(1,x)$，且$(2\boldsymbol{a}+\boldsymbol{b})/\!/\left(\dfrac{1}{2}\boldsymbol{a}+\boldsymbol{b}\right)$，则 x 的值为________.

7. 已知向量 $\boldsymbol{a}=(2,2)$，$\boldsymbol{b}=(-1,m)$，若$(2\boldsymbol{a}+\boldsymbol{b})/\!/\boldsymbol{a}$，则实数 $m=$________.

三、解答题

8. 已知 $A(-2, a)$，$B(a+1, 3)$，$C(-1, 2)$三点共线，求实数 a 的值.

提高训练

9. 已知 $\boldsymbol{a}=(-3, 1)$，$\boldsymbol{b}=(1, -2)$，$\boldsymbol{c}=(1, 1)$. 若 $\boldsymbol{c}/\!/(\boldsymbol{a}+k\boldsymbol{b})$，求 k 的值.

10. 已知 $\boldsymbol{a}=(1, 0)$，$\boldsymbol{b}=(2, 1)$.

(1)求 $\boldsymbol{a}+3\boldsymbol{b}$ 的坐标；

(2)当 k 为何实数时，$k\boldsymbol{a}-\boldsymbol{b}$ 与 $\boldsymbol{a}+3\boldsymbol{b}$ 平行？平行时它们是同向还是反向？

11. 已知 $\boldsymbol{a}$ 与 $\boldsymbol{b}$ 不共线，而且 $\boldsymbol{a}-x\boldsymbol{b}$ 与 $3\boldsymbol{a}+2\boldsymbol{b}$ 共线，求 x 的值.

4.3.3 平面向量的模

知识要点

如图4-28所示，设 $\boldsymbol{a}$ 是平面直角坐标系中的一个向量，$\boldsymbol{a}=(x,\ y)$，平面向量的模的公式为 $|\boldsymbol{a}|=|\overrightarrow{OP}|=\sqrt{x^2+y^2}$.

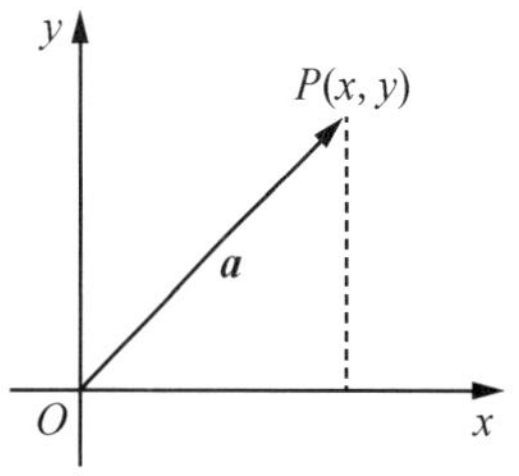

图 4-28

笔 记

典型例题

例 已知 $\boldsymbol{a}=(1,\ 2)$，$\boldsymbol{b}=(-3,\ 4)$，求 $|\boldsymbol{a}+\boldsymbol{b}|$.

分析 设 $\boldsymbol{a}$ 是平面直角坐标系中的一个向量，$\boldsymbol{a}=(x,\ y)$，则 $\boldsymbol{a}$ 的模为 $|\boldsymbol{a}|=\sqrt{x^2+y^2}$. 因此本题先求 $(\boldsymbol{a}+\boldsymbol{b})$ 的坐标，再利用模的公式求 $|\boldsymbol{a}+\boldsymbol{b}|$.

解 由已知得 $\boldsymbol{a}+\boldsymbol{b}=(1,\ 2)+(-3,\ 4)=(-2,\ 6)$，所以 $|\boldsymbol{a}+\boldsymbol{b}|=\sqrt{(-2)^2+6^2}=2\sqrt{10}$.

基础训练

改错与反思

一、选择题

1. 已知点 $A(1,\ 3)$，$B(4,\ -1)$，则 $|\overrightarrow{AB}|=($　　$)$.

A. 5　　B. 4　　C. $3\sqrt{2}$　　D. 2

2. 已知 $\overrightarrow{AB}=(2,\ 4)$，$\overrightarrow{AC}=(1,\ 3)$，则 $|\overrightarrow{BC}|=($　　$)$.

A. 1　　B. 2　　C. $\sqrt{2}$　　D. $2\sqrt{2}$

3. 如果向量 $\boldsymbol{a}=(0,\ 1)$，$\boldsymbol{b}=(-2,\ 1)$，那么 $|\boldsymbol{a}+2\boldsymbol{b}|=($　　$)$.

A. 6　　B. 5　　C. 4　　D. 3

4. 已知向量 $\boldsymbol{a}=(m,\ -6)$，$\boldsymbol{b}=(-4,\ 3)$，若 $\boldsymbol{a}/\!/\boldsymbol{b}$，则 $|\boldsymbol{a}|=($　　$)$.

A. $\dfrac{15}{2}$　　B. $\dfrac{13}{2}$　　C. 9　　D. 10

二、填空题

5. 已知向量 $\boldsymbol{a}=(x,\ 1)$，$\boldsymbol{b}=(1,\ -2)$，若 $\boldsymbol{a}/\!/\boldsymbol{b}$，则 $|\boldsymbol{a}-2\boldsymbol{b}|=$________.

6. 已知向量 $\boldsymbol{a}=(2,-6)$，$\boldsymbol{b}=(3,m)$，若 $|\boldsymbol{a}+\boldsymbol{b}|=|\boldsymbol{a}-\boldsymbol{b}|$，则 $m=$________.

三、解答题

7. 已知向量 $\boldsymbol{a}=(1,-2)$，$|\boldsymbol{b}|=2\sqrt{5}$，若 $\boldsymbol{b}=\lambda\boldsymbol{a}$，其中 $\lambda<0$，求 $\boldsymbol{b}$ 的坐标.

8. 已知向量 $\boldsymbol{a}=(-1,x)$，$\boldsymbol{b}=(x,-4)$，$\boldsymbol{c}=(5,0)$，$\boldsymbol{a}/\!/\boldsymbol{b}$.

(1)求 x 的值；

(2)若 $\boldsymbol{a}$ 与 $\boldsymbol{b}$ 同向，求 $|2\boldsymbol{a}+\boldsymbol{c}|$.

提高训练

9. 已知 $\boldsymbol{a}$，$\boldsymbol{c}$ 是同一平面内的两个向量，其中 $\boldsymbol{a}=(2,1)$，若 $|\boldsymbol{c}|=2\sqrt{5}$，且 $\boldsymbol{c}/\!/\boldsymbol{a}$，求 $\boldsymbol{c}$ 的坐标.

10. 在平面直角坐标系 xOy 中，已知点 $A(-1,-2)$，$B(2,3)$，$C(-2,-1)$. 以线段 AB，AC 为邻边作平行四边形 $ABDC$，求向量 $\overrightarrow{AD}$ 的坐标和 $|\overrightarrow{AD}|$.

数学窗

陈省身

陈省身

陈省身(1911—2004)，祖籍浙江嘉兴，是20世纪伟大的几何学家，被誉为“整体微分几何之父”，是美国国家科学院院士、发展中国家科学院创始成员、英国皇家学会国外会员、意大利国家科学院外籍院士、法国科学院外籍院士、中国科学院首批外籍院士.

1930年毕业于天津南开大学. 1934年获清华大学理学硕士学位. 1936年获德国汉堡大学理学博士学位. 1938年为西南联合大学教授. 1943年为美国普林斯顿高级研究院研究员. 1949年为美国芝加哥大学教授. 1960年至1979年为美国加州大学伯克利分校教授. 1961年加入美国籍. 1981年至1984年任美国国家数学科学研究所(MSRI)首任所长. 1984年至1992年任天津南开数学研究所所长，1992年起为名誉所长. 2004年12月3日，陈省身在天津医科大学总医院逝世，享年93岁.

陈省身给出了高维Gauss-Bonnet(高斯-博内)公式的内蕴证明，被通称为Gauss-Bonnet-Chern(高斯-博内-陈公式)；他提出的“Chern Class(陈氏示性类)”成为经典杰作；他发展了纤维丛理论，其影响遍及数学的各个领域；他建立了高维复流形上的值分布理论，包括Bott-Chern(博特-陈)定理，影响及代数数论；他为广义的积分几何奠定基础，获得基本运动学公式；他所引入的陈氏示性类与Chern-Simons(陈-西蒙斯)微分式，已延伸到数学以外的其他领域，成为理论物理的重要工具.

(内容摘自张奠宙:《20世纪数学经纬》，上海，华东师范大学出版社，2002.)

4.4　平面向量的内积

4.4.1　平面向量的内积

知识要点

笔　记

1. 平面向量内积的定义：一般地，两个非零向量 $\boldsymbol{a}$，$\boldsymbol{b}$ 的模与它们的夹角的余弦值之积叫作向量 $\boldsymbol{a}$ 与向量 $\boldsymbol{b}$ 的**内积**(或**数量积**)，记作 $\boldsymbol{a}\cdot\boldsymbol{b}$，即 $\boldsymbol{a}\cdot\boldsymbol{b}=|\boldsymbol{a}||\boldsymbol{b}|\cos\langle\boldsymbol{a},\boldsymbol{b}\rangle$.

注意：(1)向量 $\boldsymbol{a}$ 与 $\boldsymbol{b}$ 的夹角 θ 是指把两向量移至同一起点时，其有向线段所成的角，如图 4-29 所示，设有两个非零向量 $\boldsymbol{a}$ 和 $\boldsymbol{b}$，作 $\overrightarrow{OA}=\boldsymbol{a}$，$\overrightarrow{OB}=\boldsymbol{b}$，则 $\angle AOB=\theta(0°\leqslant\theta\leqslant180°)$ 叫作向量 $\boldsymbol{a}$ 与 $\boldsymbol{b}$ 的夹角，记作 $\theta=\langle\boldsymbol{a},\boldsymbol{b}\rangle$. 且 θ 的范围是 $[0,\pi]$，与两直线的夹角不同.

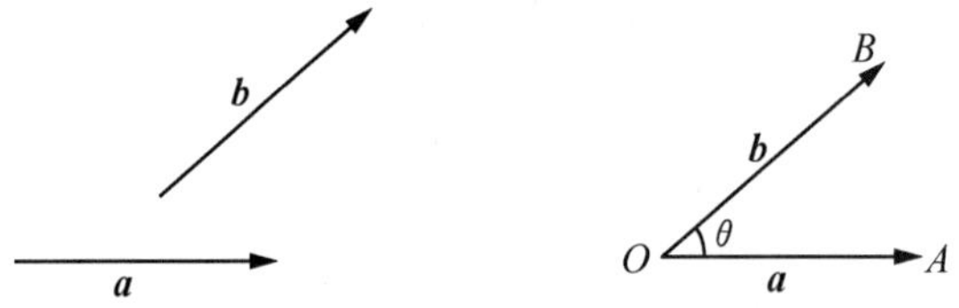

图 4-29

显然，当 $\theta=0°$ 时，$\boldsymbol{a}$ 和 $\boldsymbol{b}$ 同方向；当 $\theta=180°$ 时，$\boldsymbol{a}$ 和 $\boldsymbol{b}$ 反方向；$\theta=90°$ 时，称向量 $\boldsymbol{a}$ 与 $\boldsymbol{b}$ 垂直，记作 $\boldsymbol{a}\perp\boldsymbol{b}$.

(2)$\boldsymbol{a}\cdot\boldsymbol{b}$ 的几何意义：向量 $\boldsymbol{a}$ 的模 $|\boldsymbol{a}|$ 与向量 $\boldsymbol{b}$ 在向量 $\boldsymbol{a}$ 上的投影 $|\boldsymbol{b}|\cos\theta$ 的乘积.

(3)内积 $\boldsymbol{F}\cdot\boldsymbol{s}$ 就是力 $\boldsymbol{F}$ 对物体产生位移 $\boldsymbol{s}$ 所做的功.

(4)$\boldsymbol{a}\cdot\boldsymbol{b}$ 是两个向量之间的一种运算，中间的“小圆点”不能省略；$\boldsymbol{a}\cdot\boldsymbol{b}$ 的运算结果是一个数量，而不是向量，其大小与这两个向量的模和夹角有关.

2. 由内积的定义可以得到下面几个重要结果：

(1)当 $\langle\boldsymbol{a},\boldsymbol{b}\rangle=0°$ 时，$\boldsymbol{a}\cdot\boldsymbol{b}=|\boldsymbol{a}||\boldsymbol{b}|$.

(2)当 $\langle\boldsymbol{a},\boldsymbol{b}\rangle=90°$ 时，$\boldsymbol{a}\perp\boldsymbol{b}$，因此，$\boldsymbol{a}\cdot\boldsymbol{b}=|\boldsymbol{a}|\cdot|\boldsymbol{b}|\cos90°=0$，因此对非零向量 $\boldsymbol{a}$，$\boldsymbol{b}$，有 $\boldsymbol{a}\cdot\boldsymbol{b}=0\Leftrightarrow\boldsymbol{a}\perp\boldsymbol{b}$.

(3)当 $\langle\boldsymbol{a},\boldsymbol{b}\rangle=180°$ 时，$\boldsymbol{a}\cdot\boldsymbol{b}=-|\boldsymbol{a}||\boldsymbol{b}|$.

(4)$\langle\boldsymbol{a},\boldsymbol{a}\rangle=0°$，$\boldsymbol{a}\cdot\boldsymbol{a}=|\boldsymbol{a}||\boldsymbol{a}|\cos0°=|\boldsymbol{a}||\boldsymbol{a}|=|\boldsymbol{a}|^2$，

即 $|\boldsymbol{a}|=\sqrt{\boldsymbol{a}\cdot\boldsymbol{a}}$.

(5) $\cos\langle\boldsymbol{a},\boldsymbol{b}\rangle=\dfrac{\boldsymbol{a}\cdot\boldsymbol{b}}{|\boldsymbol{a}||\boldsymbol{b}|}$.

3. 向量内积满足以下的运算律：

(1)交换律：$\boldsymbol{a}\cdot\boldsymbol{b}=\boldsymbol{b}\cdot\boldsymbol{a}$.

(2)对实数的结合律：$(\lambda\boldsymbol{a})\cdot\boldsymbol{b}=\lambda(\boldsymbol{a}\cdot\boldsymbol{b})=\boldsymbol{a}\cdot(\lambda\boldsymbol{b})$.

(3)分配律：$(\boldsymbol{a}+\boldsymbol{b})\cdot\boldsymbol{c}=\boldsymbol{a}\cdot\boldsymbol{c}+\boldsymbol{b}\cdot\boldsymbol{c}$.

注意：结合律是对实数的结合，对向量的结合一般不成立，即 $\boldsymbol{a}\cdot(\boldsymbol{b}\cdot\boldsymbol{c})\neq(\boldsymbol{a}\cdot\boldsymbol{b})\cdot\boldsymbol{c}$.

典型例题

例 1　已知 $|\boldsymbol{a}|=8$，$|\boldsymbol{b}|=3$，$\boldsymbol{a}\cdot\boldsymbol{b}=12$，则 $\boldsymbol{a}$ 与 $\boldsymbol{b}$ 的夹角是(　　).

A. $30°$　　B. $60°$　　C. $120°$　　D. $150°$

分析　由于已知 $|\boldsymbol{a}|$，$|\boldsymbol{b}|$ 和 $\boldsymbol{a}\cdot\boldsymbol{b}$，利用 $\cos\langle\boldsymbol{a},\boldsymbol{b}\rangle=\dfrac{\boldsymbol{a}\cdot\boldsymbol{b}}{|\boldsymbol{a}||\boldsymbol{b}|}$ 可求得 $\boldsymbol{a}$ 与 $\boldsymbol{b}$ 的夹角余弦值，进而求出 $\boldsymbol{a}$ 与 $\boldsymbol{b}$ 的夹角.

解　$\cos\langle\boldsymbol{a},\boldsymbol{b}\rangle=\dfrac{\boldsymbol{a}\cdot\boldsymbol{b}}{|\boldsymbol{a}||\boldsymbol{b}|}=\dfrac{12}{8\times3}=\dfrac{1}{2}$.

由于 $0°\leqslant\langle\boldsymbol{a},\boldsymbol{b}\rangle\leqslant180°$，

所以 $\langle\boldsymbol{a},\boldsymbol{b}\rangle=60°$，所以选 B.

例 2　已知 $|\boldsymbol{a}|=2$，$|\boldsymbol{b}|=3$，$\boldsymbol{a}$ 与 $\boldsymbol{b}$ 的夹角是 $60°$，求 $(\boldsymbol{a}-\boldsymbol{b})\cdot(\boldsymbol{a}-\boldsymbol{b})$.

分析　根据向量内积的运算律可得：$(\boldsymbol{a}-\boldsymbol{b})\cdot(\boldsymbol{a}-\boldsymbol{b})=\boldsymbol{a}\cdot\boldsymbol{a}-2\boldsymbol{a}\cdot\boldsymbol{b}+\boldsymbol{b}\cdot\boldsymbol{b}$；而 $\boldsymbol{a}\cdot\boldsymbol{a}=|\boldsymbol{a}|^2$，$\boldsymbol{b}\cdot\boldsymbol{b}=|\boldsymbol{b}|^2$，$\boldsymbol{a}\cdot\boldsymbol{b}=|\boldsymbol{a}||\boldsymbol{b}|\cos\langle\boldsymbol{a},\boldsymbol{b}\rangle$，因此原式可解.

解　$(\boldsymbol{a}-\boldsymbol{b})\cdot(\boldsymbol{a}-\boldsymbol{b})=\boldsymbol{a}\cdot\boldsymbol{a}-2\boldsymbol{a}\cdot\boldsymbol{b}+\boldsymbol{b}\cdot\boldsymbol{b}$.

因为 $|\boldsymbol{a}|=2$，$|\boldsymbol{b}|=3$，$\boldsymbol{a}$ 与 $\boldsymbol{b}$ 的夹角是 $60°$，所以 $\boldsymbol{a}\cdot\boldsymbol{a}=|\boldsymbol{a}|^2=4$，$\boldsymbol{b}\cdot\boldsymbol{b}=|\boldsymbol{b}|^2=9$.

$\boldsymbol{a}\cdot\boldsymbol{b}=|\boldsymbol{a}||\boldsymbol{b}|\cos\langle\boldsymbol{a},\boldsymbol{b}\rangle=2\times3\cos60°=3$.

所以 $(\boldsymbol{a}-\boldsymbol{b})\cdot(\boldsymbol{a}-\boldsymbol{b})=\boldsymbol{a}\cdot\boldsymbol{a}-2\boldsymbol{a}\cdot\boldsymbol{b}+\boldsymbol{b}\cdot\boldsymbol{b}=4-2\times3+9=7$.

基础训练

改错与反思

一、选择题

1. 已知向量 $\boldsymbol{a}$，$\boldsymbol{b}$ 满足 $|\boldsymbol{a}|=1$，$|\boldsymbol{b}|=2$，$\boldsymbol{a}\cdot\boldsymbol{b}=\sqrt{2}$，那么向量 $\boldsymbol{a}$，

$\boldsymbol{b}$ 的夹角为(　　).

A. $30°$　　B. $60°$　　C. $45°$　　D. $135°$

2. 向量 $|\boldsymbol{a}|=2$，$|\boldsymbol{b}|=1$，$\boldsymbol{a}$，$\boldsymbol{b}$ 的夹角为 $120°$，则 $\boldsymbol{a}\cdot(\boldsymbol{a}-\boldsymbol{b})=$(　　).

A. 5　　B. 6　　C. 7　　D. 8

3. 若 $|\boldsymbol{a}|=\sqrt{2}$，$|\boldsymbol{b}|=2$ 且 $(\boldsymbol{a}-\boldsymbol{b})\perp\boldsymbol{a}$，则 $\boldsymbol{a}$ 与 $\boldsymbol{b}$ 的夹角是(　　).

A. $\frac{\pi}{6}$　　B. $\frac{\pi}{4}$　　C. $\frac{\pi}{3}$　　D. $\frac{5}{12}\pi$

4. 若非零向量 $\boldsymbol{a}$，$\boldsymbol{b}$ 满足 $|\boldsymbol{a}|=|\boldsymbol{b}|$，$(\boldsymbol{a}-2\boldsymbol{b})\perp\boldsymbol{a}$，则向量 $\boldsymbol{a}$ 与 $\boldsymbol{b}$ 的夹角为(　　).

A. $\frac{\pi}{6}$　　B. $\frac{\pi}{3}$　　C. $\frac{2\pi}{3}$　　D. $\frac{5\pi}{6}$

5. 在等腰直角三角形 ABC 中，若 $\angle C=90°$，$AC=\sqrt{2}$，则 $\overrightarrow{BA}\cdot\overrightarrow{BC}$ 的值等于(　　).

A. -2　　B. 2　　C. $-2\sqrt{2}$　　D. $2\sqrt{2}$

二、填空题

6. 已知向量 $\boldsymbol{a}$，$\boldsymbol{b}$ 满足 $|\boldsymbol{a}|=2\ 023$，$|\boldsymbol{b}|=4$，且 $\boldsymbol{a}\cdot\boldsymbol{b}=4\ 046$，则 $\boldsymbol{a}$ 与 $\boldsymbol{b}$ 的夹角为________.

7. 已知向量 $\boldsymbol{a}$，$\boldsymbol{b}$ 的夹角是 $60°$，且 $|\boldsymbol{a}|=1$，$|\boldsymbol{b}|=2$，则 $\boldsymbol{a}\cdot(\boldsymbol{a}+\boldsymbol{b})$________.

三、解答题

8. 已知向量 $\boldsymbol{a}$，$\boldsymbol{b}$ 满足 $|\boldsymbol{a}|=1$，$|\boldsymbol{b}|=2$，$\boldsymbol{a}\cdot\boldsymbol{b}=1$.

(1)求向量 $\boldsymbol{a}$，$\boldsymbol{b}$ 的夹角 θ；

(2)若向量 $\boldsymbol{a}\perp(\boldsymbol{a}+\lambda\boldsymbol{b})$，求实数 λ 的值.

9. 已知向量 $\boldsymbol{a}$，$\boldsymbol{b}$ 满足 $|\boldsymbol{a}|=2$，$|\boldsymbol{b}|=1$，$(\boldsymbol{a}+\boldsymbol{b})\cdot(2\boldsymbol{a}-\boldsymbol{b})=8$.

(1)求 $\boldsymbol{a}$ 与 $\boldsymbol{b}$ 的夹角 θ；

(2)求 $|\boldsymbol{a}+\boldsymbol{b}|$.

提高训练

10. 已知 $|\boldsymbol{a}|=6$，$|\boldsymbol{b}|=4$，$(\boldsymbol{a}-2\boldsymbol{b})\cdot(\boldsymbol{a}+3\boldsymbol{b})=-72$.

(1)求向量 $\boldsymbol{a}$，$\boldsymbol{b}$ 的夹角 θ；

(2)求 $|\boldsymbol{a}+3\boldsymbol{b}|$.

11. 已知 $|\boldsymbol{a}|=1$，$\boldsymbol{a}\cdot\boldsymbol{b}=\frac{1}{2}$，$(\boldsymbol{a}-\boldsymbol{b})\cdot(\boldsymbol{a}+\boldsymbol{b})=\frac{1}{2}$.

(1)求向量 $\boldsymbol{a}$ 与 $\boldsymbol{b}$ 的夹角 θ；

(2)求 $|\boldsymbol{a}+\boldsymbol{b}|$.

4.4.2　平面向量内积的直角坐标运算

知识要点

笔记

1. 平面向量内积的坐标表示：平面直角坐标系，如果两个非零向量$\boldsymbol{a}=(x_1, y_1)$，$\boldsymbol{b}=(x_2, y_2)$，则

$$\boldsymbol{a}\cdot\boldsymbol{b}=x_1x_2+y_1y_2.$$

这就是说，两个向量的内积等于它们对应坐标的乘积之和.

2. 平面向量的模的坐标表示：

(1)设 $\boldsymbol{a}=(x, y)$，$|\boldsymbol{a}|=\sqrt{\boldsymbol{a}\cdot\boldsymbol{a}}=\sqrt{x\cdot x+y\cdot y}=\sqrt{x^2+y^2}$.

(2)若点 $A(x_1, y_1)$，$B(x_2, y_2)$，则 $\overrightarrow{AB}=(x_2, y_2)-(x_1, y_1)=(x_2-x_1, y_2-y_1)$，所以

$$|\overrightarrow{AB}|=\sqrt{\overrightarrow{AB}\cdot\overrightarrow{AB}}=\sqrt{(x_2-x_1)^2+(y_2-y_1)^2}.$$

这就是计算向量的模的坐标公式.

3. 两向量垂直：设两个非零向量 $\boldsymbol{a}=(x_1, y_1)$，$\boldsymbol{b}=(x_2, y_2)$，由于 $\boldsymbol{a}\perp\boldsymbol{b}\Leftrightarrow\boldsymbol{a}\cdot\boldsymbol{b}=0$，转化为坐标形式，即有 $\boldsymbol{a}\perp\boldsymbol{b}\Leftrightarrow x_1x_2+y_1y_2=0$.

可利用向量坐标研究向量垂直的问题.

4. 两向量的夹角：设两个非零向量 $\boldsymbol{a}=(x_1, y_1)$，$\boldsymbol{b}=(x_2, y_2)$，

$$\cos<\boldsymbol{a}, \boldsymbol{b}>=\frac{\boldsymbol{a}\cdot\boldsymbol{b}}{|\boldsymbol{a}||\boldsymbol{b}|}=\frac{x_1x_2+y_1y_2}{\sqrt{x_1^2+y_1^2}\cdot\sqrt{x_2^2+y_2^2}}.$$

可利用向量坐标研究两个非零向量的夹角的问题.

典型例题

例 1　已知 $\boldsymbol{a}=(3, 2)$，$\boldsymbol{b}=(4, m)$，且 $\boldsymbol{a}\perp\boldsymbol{b}$，求 m.

分析　两个非零向量 $\boldsymbol{a}=(x_1, y_1)$，$\boldsymbol{b}=(x_2, y_2)$，有 $\boldsymbol{a}\perp\boldsymbol{b}\Leftrightarrow\boldsymbol{a}\cdot\boldsymbol{b}=0\Leftrightarrow x_1x_2+y_1y_2=0$，利用此关系式即可求解.

解　$\boldsymbol{a}\cdot\boldsymbol{b}=3\times4+2\times m=12+2m$，因为 $\boldsymbol{a}\perp\boldsymbol{b}$，可得 $\boldsymbol{a}\cdot\boldsymbol{b}=0$，因此 $12+2m=0$，解得 $m=-6$.

例 2　已知 $\boldsymbol{a}=(3, 2)$，$\boldsymbol{b}=(2, 3)$，求 $\boldsymbol{a}$ 与 $\boldsymbol{b}$ 的夹角的余弦值.

分析　由已知条件，可分别求出 $\boldsymbol{a}\cdot\boldsymbol{b}$，$|\boldsymbol{a}|$ 和 $|\boldsymbol{b}|$；再根据 $\cos<\boldsymbol{a}, \boldsymbol{b}>=\frac{\boldsymbol{a}\cdot\boldsymbol{b}}{|\boldsymbol{a}||\boldsymbol{b}|}$ 即可求解.

解　由已知得 $\boldsymbol{a}\cdot\boldsymbol{b}=3\times2+2\times3=12$，$|\boldsymbol{a}|=\sqrt{3^2+2^2}=\sqrt{13}$，$|\boldsymbol{b}|=\sqrt{2^2+3^2}=\sqrt{13}$.

因此 $\cos<\boldsymbol{a}, \boldsymbol{b}>=\frac{\boldsymbol{a}\cdot\boldsymbol{b}}{|\boldsymbol{a}||\boldsymbol{b}|}=\frac{12}{\sqrt{13}\times\sqrt{13}}=\frac{12}{13}$.

基础训练

改错与反思

一、选择题

1. 已知向量 $\boldsymbol{a}$，$\boldsymbol{b}$ 在边长为 1 的正方形网格中的位置如图 4-30 所示，那么向量 $\boldsymbol{a}$，$\boldsymbol{b}$ 的夹角为(　　).

A. 45°

B. 60°

C. 90°

D. 135°

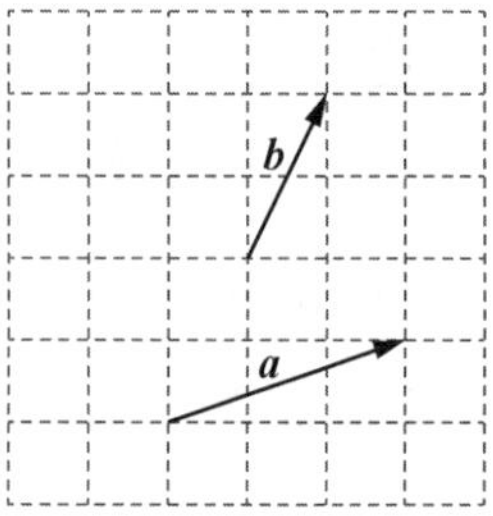

图 4-30

2. 已知 $\overrightarrow{AB}=(2, 3)$，$\overrightarrow{AC}=(3, t)$，$|\overrightarrow{BC}|=1$，则 $\overrightarrow{AB}\cdot\overrightarrow{BC}=$(　　).

A. 8　　B. 5　　C. 2　　D. 7

3. 已知向量 $\boldsymbol{a}=(1, 2)$，$\boldsymbol{b}=(-2, 3)$，$\boldsymbol{c}=(4, 5)$，若 $(\boldsymbol{a}+\lambda\boldsymbol{b})\perp\boldsymbol{c}$，则实数 $\lambda=$(　　).

A. $-\frac{1}{2}$　　B. $\frac{1}{2}$　　C. -2　　D. 2

4. 已知向量 $\boldsymbol{a}=(x,\ 1)$，$\boldsymbol{b}=(-1,\ 2)$，若 $(\boldsymbol{a}-2\boldsymbol{b})\perp\boldsymbol{b}$，则 $\boldsymbol{a}$ 与 $\boldsymbol{b}$ 的夹角的余弦值为(　　).

A. $-\frac{2\sqrt{13}}{13}$　　B. $\frac{2\sqrt{13}}{13}$　　C. $-\frac{6\sqrt{13}}{65}$　　D. $\frac{6\sqrt{13}}{65}$

二、填空题

5. 设向量 $\boldsymbol{a}=(1,\ -1)$，$\boldsymbol{b}=(x+1,\ 2x-4)$，若 $\boldsymbol{a}\perp\boldsymbol{b}$，则 $x=$________.

6. 设 $\theta\in\left(0,\ \frac{\pi}{2}\right)$，向量 $\boldsymbol{a}=(\cos\theta,\ 2)$，$\boldsymbol{b}=(-1,\ \sin\theta)$，若 $\boldsymbol{a}\perp\boldsymbol{b}$，则 $\tan\theta=$________.

7. 已知向量 $\boldsymbol{a}=(4,\ 3)$，$2\boldsymbol{a}+\boldsymbol{b}=(3,\ 18)$，则 $\boldsymbol{a}$ 与 $\boldsymbol{b}$ 的夹角的余弦值为________.

三、解答题

8. 已知平面向量 $\boldsymbol{a}=(2,\ 2)$，$\boldsymbol{b}=(x,\ -1)$.

(1)若 $\boldsymbol{a}/\!/\boldsymbol{b}$，求 x 的值；

(2)若 $\boldsymbol{a}\perp(\boldsymbol{a}-2\boldsymbol{b})$，求 $\boldsymbol{a}$ 与 $\boldsymbol{b}$ 的夹角的余弦值.

9. 已知 $\boldsymbol{a}$ 与 $\boldsymbol{b}$ 同向，$\boldsymbol{b}=(1,\ 2)$，$\boldsymbol{a}\cdot\boldsymbol{b}=10$.

(1)求 $\boldsymbol{a}$ 的坐标；

(2)若 $\boldsymbol{c}=(2,\ -1)$，求 $\boldsymbol{a}\cdot(\boldsymbol{b}\cdot\boldsymbol{c})$ 及 $(\boldsymbol{a}\cdot\boldsymbol{b})\cdot\boldsymbol{c}$.

提高训练

10. 已知向量 $\boldsymbol{a}=(1,\ 2)$，$\boldsymbol{b}=(3,\ x)$，$\boldsymbol{c}=(2,\ y)$，且 $\boldsymbol{a}/\!/\boldsymbol{b}$，$\boldsymbol{a}\perp\boldsymbol{c}$.

(1)求 $\boldsymbol{b}$ 与 $\boldsymbol{c}$；

(2)若 $\boldsymbol{m}=2\boldsymbol{a}-\boldsymbol{b}$，$\boldsymbol{n}=\boldsymbol{a}+\boldsymbol{c}$，求向量 $\boldsymbol{m}$，$\boldsymbol{n}$ 的夹角的大小.

11. 已知向量 $\boldsymbol{a}=(1,\ -2)$，$|\boldsymbol{b}|=2\sqrt{5}$.

(1)若 $\boldsymbol{b}=\lambda\boldsymbol{a}$，其中 $\lambda<0$，求 $\boldsymbol{b}$ 的坐标；

(2)若 $\boldsymbol{a}$ 与 $\boldsymbol{b}$ 的夹角为 $\frac{2\pi}{3}$，求 $(\boldsymbol{a}-\boldsymbol{b})\cdot(2\boldsymbol{a}+\boldsymbol{b})$ 的值.

数学窗

丘成桐

丘成桐教授，原籍广东省蕉岭县，1949 年出生于广东汕头，是当代数学大师，1971 年师从陈省身先生在加州大学伯克利分校获得博士学位. 他发展了强有力的偏微分方程技巧，使得微分几何学产生了深刻的变革，解决了卡拉比猜想(Calabi Conjecture)与爱因斯坦方程中的正质量猜想(Positive Mass Conjecture)等众多难题，影响遍及几乎所有核心数学分支及理论物理领域.

他 33 岁时获得国际数学界最高荣誉菲尔兹奖(1982)，此后获得了麦克阿瑟奖(1985)、克拉福德奖(1994)、美国国家科学奖(1997)、沃尔夫数学奖(2010)、马塞尔·格罗斯曼奖(2018)等国际大奖.

他是菲尔兹奖首位华人得主、美国国家科学院院士、美国艺术与科学院院士、中国科学院外籍院士. 现任香港中文大学博文讲座教授兼数学科学研究所所长、哈佛大学 William Casper Graustein 讲座教授、清华大学丘成桐数学科学中心主任、北京雁栖湖应用数学研究院院长.

数学活动

杨振宁

杨振宁，男，1922 年出生于安徽合肥，是物理学家，香港中文大学博文讲座教授兼理论物理研究所所长，清华大学高等研究院名誉院长、教授，纽约州立大学石溪分校荣休教授，中国科学院院士、美国国家科学院外籍院士、英国皇家学会外籍院士、俄罗斯科学院院士，1957 年获诺贝尔物理学奖.

1942 年毕业于国立西南联合大学；1944 年获清华大学硕士学位；1945 年获穆藕初奖学金，赴美留学；1948 年获芝加哥大学哲学博士学位，后任芝加哥大学讲师、普林斯顿高等研究院研究员；1955 年任普林斯顿高等研究院教授；1966 年任纽约州立大学石溪分校爱因斯坦讲座教授兼理论物理研究所所长；1986 年任香港中文大学博文讲座教授；1993 年任香港中文大学数学科学研究所所长；1998 年任清华大学教授．2022 年被评为“感动中国 2021 年度人物”．杨振宁还推动了香港中文大学数学科学研究所、清华大学高等研究中心、南开大学理论物理研究室和中山大学高等学术研究中心的成立．

杨振宁在粒子物理学、统计力学和凝聚态物理等领域做出了里程碑性的贡献，在数学的发展方面的贡献也意义非凡．20 世纪 80 年代以来，杨振宁的两个数学研究分支：1954 年提出的杨-米尔斯规范场理论和 1967 年提出的杨-巴克斯特方程，先后进入当代数学发展的主流．1975 年，杨振宁与吴大峻合作发表的论文《不可积相因子概念和规范场的整体公式》，对数学界产生了巨大影响，不少数学家陆续加入研究，使规范场理论研究成为当时数学发展的一个主流方向，与陈省身先生构造的纤维丛“陈示性类”殊途同归．杨-巴克斯特方程源于 1967 年发表的一篇论文《δ 函数相互作用的一维多体问题的一些严格解》，该方程可导出整套的李代数、李群理论、霍普夫代数，进而衍生出其他数学分支，所以该方程是一项非常基本的数学结构．以 4 年一度的世界数学最高奖——菲尔兹奖来说，1990 年授予了 4 位数学家，有 3 人的工作与杨振宁的名字密切相关．杨振宁认为，成功地运用数学是获得成功的重要原因．同时，他提出过“3P”治学经验：Perception，Persistence，Power，即直觉、坚持、力量．这是说要有科学的直觉意识去创造，用坚持不懈的努力去奋斗，以扎实的知识力量克服困难．

（部分内容摘自张奠宙：《20 世纪数学经纬》，252～271 页，上海，华东师范大学出版社，2002.）

第 5 单元 · 圆锥曲线

5.1 椭圆

5.1.1 椭圆的概念和标准方程

笔 记

知识要点

1. 平面内与两个定点 F_1，F_2 的距离之和为常数(大于 $|F_1F_2|$)的点的轨迹叫作**椭圆**. 这两个定点 F_1，F_2 叫作椭圆的**焦点**，两个焦点间的距离 $|F_1F_2|$ 叫作椭圆的**焦距**.

2. 焦点在 x 轴上的椭圆的标准方程：$\frac{x^2}{a^2}+\frac{y^2}{b^2}=1\quad(a>b>0)$，焦点坐标分别为 $F_1(-c,\ 0)$，$F_2(c,\ 0)$，且 $c^2=a^2-b^2$.

3. 焦点在 y 轴上的椭圆的标准方程：$\frac{y^2}{a^2}+\frac{x^2}{b^2}=1\quad(a>b>0)$，焦点坐标分别为 $F_1(0,\ -c)$，$F_2(0,\ c)$，且 $c^2=a^2-b^2$.

典型例题

例 1 若椭圆 $\frac{x^2}{25}+\frac{y^2}{9}=1$ 上一点 M 到焦点 F_1 的距离是 3，则点 M 到另一个焦点 F_2 的距离是________.

分析 根据椭圆定义，椭圆上点到两焦点距离和为常数，即 $2a$，由于焦点在 x 轴，所以椭圆标准方程为：$\frac{x^2}{a^2}+\frac{y^2}{b^2}=1(a>b>0)$，此题 $|MF_1|+$

$|MF_2|=2a=10$，椭圆上点到一焦点距离为3，到另一焦点的距离为7，即为答案.

解 答案为7.

例2 焦点在y轴的椭圆标准方程为：$\frac{x^2}{4}+\frac{y^2}{8}=1$，椭圆的焦距为(　　).

A. 2　　B. 4　　C. 6　　D. 8

分析 根据椭圆的定义，焦距为$2c$，焦点在y轴上的椭圆的标准方程：$\frac{y^2}{a^2}+\frac{x^2}{b^2}=1$ $(a>b>0)$，$c^2=a^2-b^2$，此题$2c=4$，故B选项正确.

解 答案为B.

基础训练

改错与反思

一、选择题

1. 平面内到两个定点$F_1(-5,0)$，$F_2(5,0)$的距离和等于12的点的轨迹是(　　).

A. 圆　　B. 椭圆　　C. 一条直线　　D. 不存在

2. 椭圆的焦点为$F_1(0,-2)$，$F_2(0,2)$，椭圆上的点到两个焦点的距离之和为8，椭圆的标准方程为(　　).

A. $\frac{x^2}{16}+\frac{y^2}{4}=1$　　B. $\frac{x^2}{16}+\frac{y^2}{12}=1$　　C. $\frac{x^2}{12}+\frac{y^2}{16}=1$　　D. $\frac{x^2}{4}+\frac{y^2}{16}=1$

3. 下列椭圆的焦点在y轴上的是(　　).

A. $\frac{x^2}{16}+\frac{y^2}{9}=1$　　B. $\frac{x^2}{12}+\frac{y^2}{5}=1$　　C. $x^2+\frac{y^2}{5}=1$　　D. $\frac{x^2}{8}+\frac{y^2}{4}=1$

4. 已知椭圆的标准方程为：$\frac{x^2}{25}+\frac{y^2}{9}=1$，其焦点坐标为(　　).

A. $(-4,0)$，$(4,0)$　　B. $(0,-5)$，$(0,5)$

C. $(-5,0)$，$(5,0)$　　D. $(0,-3)$，$(0,3)$

二、填空题

5. 若椭圆的标准方程是$\frac{x^2}{9}+\frac{y^2}{4}=1$，则$a=$________，$b=$________，$c=$________，焦点坐标为________，焦距是________，椭圆上任意一点到两个焦点间的距离之和为________.

6. 在椭圆的标准方程中，$a=7$，$b=5$，则$c=$________.

三、解答题

7. 已知椭圆 $25x^2+9y^2=225$ 上一点 P 到一个焦点的距离是 4，求点 P 到另一个焦点的距离.

8. 已知 $b=2$，$c=3$，求焦点在 x 轴上的椭圆方程.

提高训练

9. 求过点(3，−2)且与椭圆 $4x^2+9y^2=36$ 有相同的焦点的椭圆方程.

10. 如果方程 $\dfrac{x^2}{m-1}+\dfrac{y^2}{2-m}=1$ 表示焦点在 x 轴的椭圆，求实数 m 的范围.

5.1.2 椭圆的性质

笔 记

知识要点

椭圆的几何性质如表 5-1 所示.

表 5-1 椭圆的几何性质

标准方程	焦点在 x 轴上，$\frac{x^2}{a^2}+\frac{y^2}{b^2}=1$ $(a>b>0)$	焦点在 y 轴上，$\frac{y^2}{a^2}+\frac{x^2}{b^2}=1$ $(a>b>0)$
图形	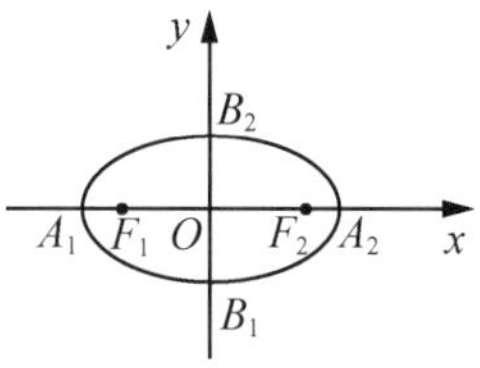	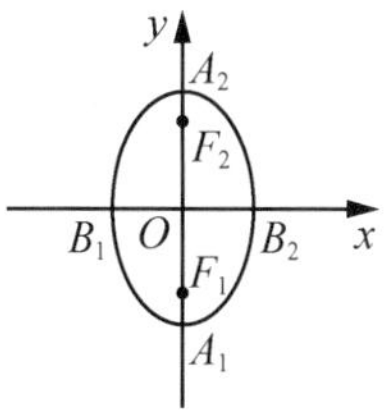
焦点坐标	$F_1(-c,\ 0)$，$F_2(c,\ 0)$	$F_1(0,\ -c)$，$F_2(0,\ c)$
焦距	$\lvert F_1F_2\rvert=2c(c^2=a^2-b^2)$	
范围	$-a\leqslant x\leqslant a$，$-b\leqslant y\leqslant b$	$-b\leqslant x\leqslant b$，$-a\leqslant y\leqslant a$
顶点坐标	$A_1(-a,\ 0)$，$A_2(a,\ 0)$，$B_1(0,\ -b)$，$B_2(0,\ b)$	$A_1(0,\ -a)$，$A_2(0,\ a)$，$B_1(-b,\ 0)$，$B_2(b,\ 0)$
对称轴	x 轴、y 轴，长轴长 $\lvert A_1A_2\rvert=2a$、短轴长 $\lvert B_1B_2\rvert=2b$	
对称中心	原点$(0,\ 0)$	
离心率	$e=\frac{c}{a}(0<e<1)$	

典型例题

例 已知椭圆方程为$\frac{x^2}{25}+\frac{y^2}{16}=1$，求椭圆的长轴长、短轴长、焦距、离心率、焦点坐标及顶点坐标.

分析 根据椭圆定义可求 a，b，c 的值，根据椭圆的性质可知 a，b，c 的几何意义，进而求出椭圆的长轴长、短轴长、焦距、离心率、焦点坐标及顶点坐标.

解 由题可知，椭圆的焦点在 x 轴上，其中 $a=5$，$b=4$，$c=\sqrt{a^2-b^2}=3$.

又因为离心率 $e=\frac{c}{a}=\frac{3}{5}$，所以：椭圆的长轴长 $2a=10$；短轴长 $2b=8$；

焦距 $2c=6$；离心率 $e=\dfrac{3}{5}$；焦点坐标为$(-3,0)$，$(3,0)$；顶点坐标为$(-5,0)$，$(5,0)$，$(0,-4)$，$(0,4)$.

基础训练

改错与反思

一、选择题

1. 若椭圆的标准方程是$\dfrac{x^2}{25}+\dfrac{y^2}{9}=1$，则椭圆的半长轴的长为(　　).

A. 25　　B. 9　　C. 5　　D. 3

2. 椭圆$\dfrac{x^2}{16}+\dfrac{y^2}{7}=1$的离心率是(　　).

A. $\dfrac{3}{4}$　　B. $\dfrac{3}{5}$　　C. $\dfrac{4}{5}$　　D. $\dfrac{\sqrt{5}}{4}$

3. 椭圆 $6x^2+y^2=6$ 的长轴的顶点坐标是(　　).

A. $(-1,0)$，$(1,0)$　　B. $(-6,0)$，$(6,0)$

C. $(-\sqrt{6},0)$，$(\sqrt{6},0)$　　D. $(0,-\sqrt{6})$，$(0,\sqrt{6})$

4. 设中心在原点，焦点在 x 轴，假设长轴长为 18，且两个焦点恰好把长轴三等分，此椭圆的标准方程为(　　).

A. $\dfrac{x^2}{81}+\dfrac{y^2}{72}=1$　　B. $\dfrac{x^2}{81}+\dfrac{y^2}{9}=1$　　C. $\dfrac{x^2}{81}+\dfrac{y^2}{45}=1$　　D. $\dfrac{x^2}{81}+\dfrac{y^2}{36}=1$

二、填空题

5. 半长轴的长是 10，焦距是 6，焦点在 x 轴上的椭圆标准方程是________.

6. 已知椭圆$\dfrac{x^2}{2}+\dfrac{y^2}{m}=1$的离心率为$\dfrac{1}{2}$，则 m 的值为________.

三、解答题

7. 已知椭圆标准方程为$\dfrac{x^2}{16}+\dfrac{y^2}{12}=1$，求此椭圆的长轴长、短轴长、焦距、焦点坐标、顶点坐标、离心率.

8. 已知椭圆的一个焦点为 $F_1(0, -4)$，且椭圆经过点 $A_1(3, 0)$，求此椭圆的标准方程.

提高训练

9. 已知椭圆的中心在原点，长轴在 y 轴上，长轴与短轴的和是 20，焦距等于 $4\sqrt{5}$，求椭圆的标准方程.

10. 设椭圆的中心在原点，对称轴为坐标轴，长轴长是短轴长的 2 倍，且点 $P(4, 1)$在椭圆上，求该椭圆的方程.

数学窗

阿波罗尼奥斯

阿波罗尼奥斯(约前 262—约前 190)是古希腊数学家，与欧几里得、阿基米德齐名，生于小亚细亚南岸的佩尔加. 他的主要成就是建立了完美的圆锥曲线论，总结了前人在这方面的工作，再加上自己的研究成果，撰成《圆锥曲线论》.《圆锥曲线论》是古代世界光辉的科学成果，它将圆锥曲线的性质网罗殆尽，几乎使后人没有插足的余地.《圆锥曲线论》是一部经典巨著，它可以说是代表了古希腊几何的最高水平，自此以后很长时间，希腊几何都没有实质性的进步. 直到 17 世纪，帕斯卡和笛卡儿有了新的突破.

5.2　双曲线

5.2.1　双曲线的概念和标准方程

知识要点

笔　记

1. 平面内到两个定点 F_1，F_2 的距离之差的绝对值为常数(小于 $|F_1F_2|$)的点的轨迹叫作**双曲线**．这两个定点叫作**双曲线的焦点**，两焦点的距离叫作**焦距**.

2. 焦点在 x 轴上的双曲线的标准方程：$\frac{x^2}{a^2}-\frac{y^2}{b^2}=1(a>0,\ b>0)$. 焦点坐标是 $F_1(-c,\ 0)$，$F_2(c,\ 0)$，其中 $c^2=a^2+b^2$.

3. 焦点在 y 轴上的双曲线的标准方程：$\frac{y^2}{a^2}-\frac{x^2}{b^2}=1(a>0,\ b>0)$. 焦点坐标是 $F_1(0,\ -c)$，$F_2(0,\ c)$，其中 $c^2=a^2+b^2$.

典型例题

例 1　已知双曲线的焦点为 $F_1(-10,\ 0)$，$F_2(10,\ 0)$，且双曲线上的任意一点到两焦点的距离差的绝对值是 16，求双曲线的标准方程.

分析　根据双曲线的定义可以确定 c 与 a，根据 $c^2=a^2+b^2$ 可求出 b，即可求出双曲线的标准方程.

解　焦点在 x 轴上，设双曲线的标准方程为：$\frac{x^2}{a^2}-\frac{y^2}{b^2}=1$.

根据已知 $c=10$，$2a=16$，$a=8$，则有

$$b^2=c^2-a^2=100-64=36.$$

因此，所求的双曲线的标准方程是：$\frac{x^2}{64}-\frac{y^2}{36}=1$.

例 2　已知双曲线的标准方程是$\frac{y^2}{9}-\frac{x^2}{7}=1$，则此双曲线的焦点坐标为(　　).

A. $(-3,\ 0)$，$(3,\ 0)$　　B. $(0,\ -3)$，$(0,\ 3)$

C. $(-4,\ 0)$，$(4,\ 0)$　　D. $(0,\ -4)$，$(0,\ 4)$

分析　根据双曲线的定义，此双曲线的焦点在 y 轴上，且由 $c^2=a^2+$

b^2 计算得 $c=4$，因此双曲线的焦点坐标为：(0，−4)，(0，4).

解 答案为D.

基础训练

改错与反思

一、选择题

1. 平面内到两个定点 $F_1(-5, 0)$，$F_2(5, 0)$ 的距离差的绝对值等于8的点的轨迹是(　　).

A. 一条直线　　B. 双曲线　　C. 两条射线　　D. 椭圆

2. 双曲线的焦点为 $F_1(0, -6)$，$F_2(0, 6)$，双曲线上的点到两个焦点的距离差的绝对值为8，双曲线的标准方程为(　　).

A. $\dfrac{x^2}{20}-\dfrac{y^2}{16}=1$　　B. $\dfrac{x^2}{16}-\dfrac{y^2}{20}=1$

C. $\dfrac{y^2}{20}-\dfrac{x^2}{16}=1$　　D. $\dfrac{y^2}{16}-\dfrac{x^2}{20}=1$

3. 已知双曲线的方程是 $x^2-y^2=4$，则双曲线上的一点到两个焦点的距离差的绝对值是(　　).

A. 2　　B. 4　　C. 6　　D. 8

4. 已知双曲线的标准方程是 $\dfrac{y^2}{25}-\dfrac{x^2}{11}=1$，则此双曲线的焦点坐标为(　　).

A. (0，−5)，(0，5)　　B. (−5，0)，(5，0)

C. (−6，0)，(6，0)　　D. (0，−6)，(0，6)

二、填空题

5. 双曲线的标准方程是 $\dfrac{x^2}{49}-\dfrac{y^2}{32}=1$，焦点坐标为________，焦距是________.

6. 双曲线的标准方程为 $\dfrac{x^2}{16}-\dfrac{y^2}{9}=1$，则 $a=$________，$b=$________，$c=$________.

三、解答题

7. 已知 $a=2$，焦距为 $2\sqrt{10}$，焦点在 x 轴上，求双曲线的标准方程.

8. 已知双曲线的焦点的坐标为(−6，0)，(6，0)，且经过点 $P(-5, 2)$，求双曲线的标准方程.

提高训练

9. 设双曲线上一点 P 到两个焦点的距离差的绝对值为 16，且 $\frac{c}{a}=\frac{5}{4}$，焦点在 x 轴上，求双曲线的标准方程.

10. 求焦点在 x 轴上，$b=3$，且经过点 $M(-2, -\sqrt{3})$ 的双曲线的标准方程.

5.2.2　双曲线的性质

知识要点

笔　记

双曲线的几何性质如表 5-2 所示.

表 5-2　双曲线的几何性质

标准方程	焦点在 x 轴上，$\frac{x^2}{a^2}-\frac{y^2}{b^2}=1(a>0, b>0)$	焦点在 y 轴上，$\frac{y^2}{a^2}-\frac{x^2}{b^2}=1(a>0, b>0)$
图形	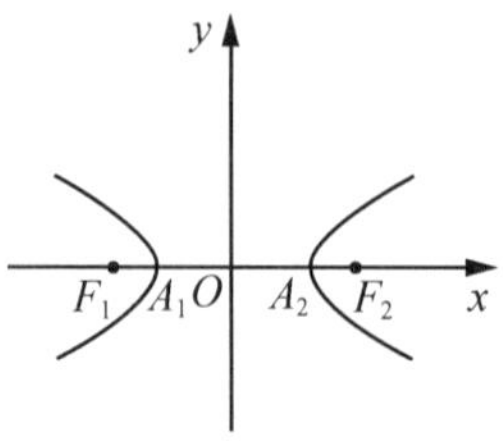	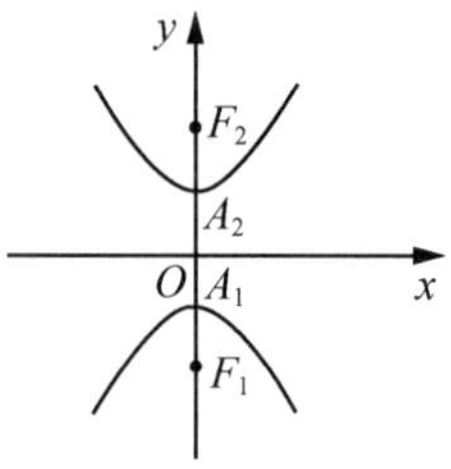
焦点坐标	$F_1(-c, 0)$，$F_2(c, 0)$，	$F_1(0, -c)$，$F_2(0, c)$
焦距	$\|F_1F_2\|=2c(c^2=a^2+b^2)$	

续表

范围	$x\geqslant a$ 或 $x\leqslant -a$，$y\in\mathbf{R}$	$y\geqslant a$ 或 $y\leqslant -a$，$x\in\mathbf{R}$
顶点坐标	$A_1(-a, 0)$，$A_2(a, 0)$	$A_1(0, -a)$，$A_2(0, a)$
对称轴	x 轴、y 轴，实轴长 $\lvert A_1A_2\rvert=2a$、虚轴长 $\lvert B_1B_2\rvert=2b$	
对称中心	原点$(0, 0)$	
渐近线方程	$y=\pm\dfrac{b}{a}x$	$y=\pm\dfrac{a}{b}x$
离心率	$e=\dfrac{c}{a}(e>1)$	

典型例题

例 1 求双曲线$\dfrac{x^2}{4}-\dfrac{y^2}{12}=1$的实轴长、虚轴长、焦距、离心率、顶点坐标、焦点坐标和渐近线方程.

分析 根据双曲线的标准方程，确定 a，b，c 的数值，再对应代入.

解 根据双曲线$\dfrac{x^2}{4}-\dfrac{y^2}{12}=1$的标准方程，得 $a=2$，$b=2\sqrt{3}$.

根据 $c^2=a^2+b^2$，得 $c^2=4+12=16$，故 $c=4$.

因此，实轴长 $2a=4$，虚轴长 $2b=4\sqrt{3}$，焦距 $2c=8$，离心率 $e=\dfrac{c}{a}=2$，顶点坐标为$(-2, 0)$，$(2, 0)$，焦点坐标为$(-4, 0)$，$(4, 0)$，渐近线方程为 $y=\pm\sqrt{3}x$.

例 2 已知双曲线的一个焦点坐标为$(0, -10)$，一条渐近线方程为 $3x+4y=0$，求双曲线的标准方程.

分析 根据双曲线性质，由焦点坐标和渐近线方程，确定 a^2，b^2，求出双曲线方程.

解 根据双曲线焦点在 y 轴上，设方程为$\dfrac{y^2}{a^2}-\dfrac{x^2}{b^2}=1$.

渐近线方程为 $y=-\dfrac{3}{4}x$，由于焦点在 y 轴的双曲线渐近线方程是 $y=\pm\dfrac{a}{b}x$.

因此可列方程组$\begin{cases}\dfrac{a}{b}=\dfrac{3}{4},\\ a^2+b^2=100,\end{cases}$，解得 $a^2=36$，$b^2=64$.

所求双曲线的标准方程：$\frac{y^2}{36}-\frac{x^2}{64}=1$.

基础训练

改错与反思

一、选择题

1. 若双曲线的标准方程是$\frac{x^2}{144}-\frac{y^2}{25}=1$，则双曲线的虚半轴长和实半轴长分别为(　　).

A. 12，5　　B. 5，12　　C. 24，10　　D. 10，24

2. 双曲线的标准方程为$\frac{x^2}{16}-\frac{y^2}{20}=1$，该曲线的离心率是(　　).

A. $\frac{3}{2}$　　B. $\frac{2}{3}$　　C. $\frac{4}{5}$　　D. $\frac{5}{4}$

3. 设动点 M 到点$(-\sqrt{13}，0)$的距离减去它到点$(\sqrt{13}，0)$的距离等于4，则动点 M 的轨迹是(　　).

A. $\frac{x^2}{4}-\frac{y^2}{9}=1(x\leqslant-2)$　　B. $\frac{x^2}{4}-\frac{y^2}{9}=1(x\geqslant2)$

C. $\frac{y^2}{4}-\frac{x^2}{9}=1(y\geqslant2)$　　D. $\frac{x^2}{16}-\frac{y^2}{3}=1(x\geqslant2)$

4. 双曲线的标准方程为$\frac{y^2}{36}-\frac{x^2}{64}=1$，其渐近线方程为(　　).

A. $y=\pm\frac{3}{4}x$　　B. $y=\pm\frac{4}{3}x$　　C. $y=\pm\frac{3}{5}x$　　D. $y=\pm\frac{5}{3}x$

二、填空题

5. 双曲线的实轴长是 8，焦距是 12，双曲线的标准方程是________.

6. 双曲线的离心率为$\frac{4}{3}$，其中的一个焦点的坐标为(0，−8)，则双曲线的方程是________.

三、解答题

7. 已知双曲线方程 $x^2-8y^2=32$，求其实轴长、虚轴长、焦距、离心率、顶点坐标、焦点坐标和渐近线方程.

8.(1)已知双曲线焦点在 x 轴上，半实轴长是 $2\sqrt{5}$，且双曲线上一点的坐标为$(-5,2)$，求双曲线的标准方程.

(2)已知双曲线的渐近线方程是 $y=\pm\frac{2}{3}x$，且经过点 $P(3\sqrt{2},-4)$，求双曲线的标准方程.

(3)其双曲线与双曲线$\frac{y^2}{5}-\frac{x^2}{4}=1$有相同的渐近线，且经过点 $P(2,\sqrt{15})$，求该双曲线的标准方程.

提高训练

9. 设方程$\frac{x^2}{m-1}+\frac{y^2}{m+3}$表示双曲线，求 m 的取值范围.

10. F_1，F_2 为双曲线$\frac{x^2}{4}-y^2=1$的焦点，点 P 在双曲线上，且满足$\angle F_1PF_2=60°$，求$\triangle F_1PF_2$的面积.

数学窗

圆锥曲线的光学性质的应用

从双曲线的一个焦点发出的光线或声源，经过双曲线反射后，反射光线或声音是散开的，它们就好像是从另一个焦点射出的一样. 如果有一道双曲线(一支)形的围墙，一个人站在其中一个焦点处朝着墙壁说话，声音由墙壁反射到你的耳朵，你会产生一种错觉，觉得声音不是从墙这边的这个人发出来的，而是从墙外较远的一个地方(双曲线的另一个焦点)发出的.

我国首先研制成功的“双曲线电瓶新闻灯”，就是利用了双曲线的光学性质. 原来使用的新闻灯个头比较大，外号叫“大头灯”，这种灯要在很近的距离才能照清楚，而且灯光很刺眼．而我国研制的“双曲线电瓶新闻灯”个头小，却照得很远，光线又柔和．

圆锥曲线因其方程简单，线型多变美观，且具有某些很好的力学性质，因此在建筑方面也不乏应用，特别是大型薄壳顶棚建筑，其纵剖线很多都是圆锥曲线．

5.3 抛物线

5.3.1 抛物线的概念和标准方程

知识要点

1. 平面内与一个定点 F 和一条定直线 l 的距离相等的点的轨迹叫作**抛物线**. 定点 F 叫作抛物线的**焦点**，定直线 l 为抛物线的**准线**.

2. 焦点在 x 轴正半轴上的抛物线的标准方程为 $y^2=2px(p>0)$，焦点坐标为 $\left(\frac{p}{2}, 0\right)$，准线方程为 $x=-\frac{p}{2}$.

3. 焦点在 x 轴负半轴上的抛物线的标准方程为 $y^2=-2px(p>0)$，焦点坐标为 $\left(-\frac{p}{2}, 0\right)$，准线方程为 $x=\frac{p}{2}$.

4. 焦点在 y 轴正半轴上的抛物线的标准方程为 $x^2=2py(p>0)$，焦点坐标为 $\left(0, \frac{p}{2}\right)$，准线方程为 $y=-\frac{p}{2}$.

5. 焦点在 y 轴负半轴上的抛物线的标准方程为 $x^2=-2py(p>0)$，焦点坐标为 $\left(0, -\frac{p}{2}\right)$，准线方程为 $y=\frac{p}{2}$.

笔 记

典型例题

例 1 已知抛物线的标准方程为 $y^2=16x$，焦点坐标为________，准线方程为________.

分析 由抛物线的标准方程 $y^2=16x$，可得 $2p=16$，$p=8$，$\frac{p}{2}=4$，且焦点在 x 轴正半轴上，则焦点坐标为(4，0)，准线方程为 $x=-4$.

解 焦点坐标为(4，0)，准线方程为 $x=-4$.

例 2 若抛物线 $y^2=8x$ 上的点 M 到焦点的距离为 10，则点 M 到 y 轴的距离是(　　).

A. 4　　B. 6　　C. 8　　D. 10

分析 根据抛物线的定义，抛物线上的点到焦点的距离和到准线的距离相等，点 M 到焦点的距离为 10，则点 M 到准线 $x=-2$ 的距离为 10，故

点 M 到 y 轴的距离是 8.

解　答案为 C.

基础训练

改错与反思

一、选择题

1. 若抛物线 $x^2=-8y$，下列描述正确的是(　　).

A. 开口向下，焦点为$(0,-4)$　　B. 开口向下，焦点为$(0,-2)$

C. 开口向左，焦点为$(-4,0)$　　D. 开口向左，焦点为$(-2,0)$

2. 准线方程为 $x=2$ 的抛物线的标准方程是(　　).

A. $y^2=-8x$　　B. $y^2=8x$　　C. $x^2=-8y$　　D. $x^2=8y$

3. 抛物线 $y^2=-4x$ 上一点 P 到焦点的距离是 3，则 P 到直线 $x=2$ 的距离为(　　).

A. 3　　B. 4　　C. 5　　D. 6

4. 顶点在原点，焦点在 x 轴上，且经过点 $A(-1,2)$的抛物线的方程是(　　).

A. $y^2=\frac{1}{4}x$　　B. $y=\frac{1}{4}x^2$　　C. $x^2=-2y$　　D. $x=-\frac{1}{4}y^2$

二、填空题

5. 抛物线方程是 $y^2=-16x$，其焦点坐标为________，准线方程为________.

6. 抛物线的准线方程为 $y=-\frac{4}{5}$，则抛物线的标准方程为________.

三、解答题

7. 求适合下列条件的抛物线的标准方程.

(1)焦点坐标是$(4,0)$；

(2)准线方程是 $y=-3$.

8. 已知抛物线的焦点到准线的距离是 6，求抛物线的标准方程.

提高训练

9. 已知抛物线过点(－4，－3)，求此抛物线的标准方程.

10. 求抛物线 $x^2=12y$ 上与焦点距离等于 9 的点的坐标.

5.3.2 抛物线的性质

知识要点

笔 记

抛物线的几何性质如表 5-3 所示.

表 5-3 抛物线的几何性质

标准方程	焦点在 x 轴正半轴上，$y^2=2px(p>0)$	焦点在 x 轴负半轴上，$y^2=-2px$ $(p>0)$	焦点在 y 轴正半轴上，$x^2=2py$ $(p>0)$	焦点在 y 轴负半轴上，$x^2=-2py$ $(p>0)$
图形	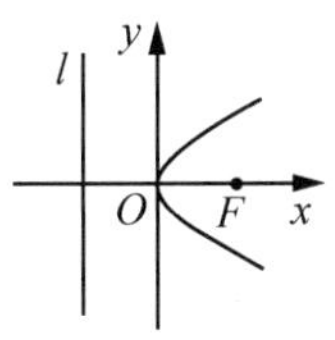	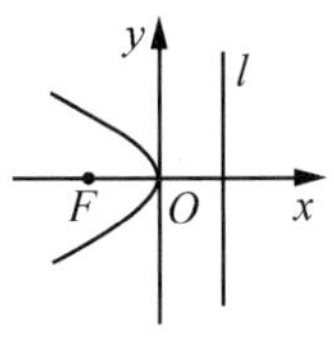	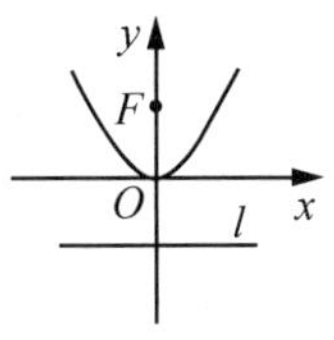	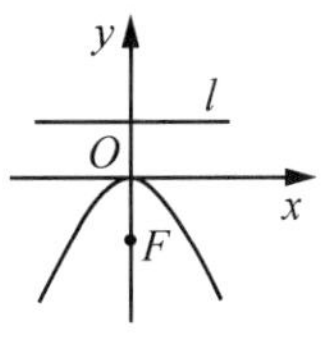
焦点坐标	$\left(\frac{p}{2},\ 0\right)$	$\left(-\frac{p}{2},\ 0\right)$	$\left(0,\ \frac{p}{2}\right)$	$\left(0,\ -\frac{p}{2}\right)$
范围	$x\geqslant0$，$y\in\mathbf{R}$	$x\leqslant0$，$y\in\mathbf{R}$	$y\geqslant0$，$x\in\mathbf{R}$	$y\leqslant0$，$x\in\mathbf{R}$
对称轴	x 轴		y 轴	
顶点坐标	原点(0，0)			
准线方程	$x=-\frac{p}{2}$	$x=\frac{p}{2}$	$y=-\frac{p}{2}$	$y=\frac{p}{2}$
离心率	$e=1$			

典型例题

例　已知抛物线的顶点为原点，对称轴为坐标轴，并且经过点(−5，10)，求抛物线的标准方程.

分析　点(−5，10)在第二象限，由于题中没有明确指出对称轴是 x 轴还是 y 轴，因此有两种情况.

解　设所求抛物线的标准方程为 $y^2=-2p_1x$ 或 $x^2=2p_2y$.

将点(−5，10)分别代入方程得：

$$10^2=-2p_1(-5)\text{或}(-5)^2=2p_2\times 10,$$

$$p_1=10\text{ 或 }p_2=\frac{5}{4},$$

所以抛物线的标准方程为：$y^2=-20x$ 或 $x^2=\frac{5}{2}y$.

基础训练

改错与反思

一、选择题

1. 顶点在原点，准线方程是 $x=5$，则抛物线方程是(　　).

A. $y^2=10x$　　B. $y^2=-20x$　　C. $x^2=-20y$　　D. $x^2=10y$

2. 顶点在原点，焦点坐标为(0，2)，则抛物线方程是(　　).

A. $y^2=8x$　　B. $y^2=-8x$　　C. $x^2=-8y$　　D. $x^2=8y$

3. 点 P 到点 $F(4，0)$的距离比它到直线 $x=-6$ 的距离小 2，则点 P 的轨迹方程为(　　).

A. $y^2=\frac{1}{6}x$　　B. $y=\frac{1}{4}x^2$　　C. $y^2=16x$　　D. $x=-\frac{1}{4}y^2$

4. 抛物线的顶点在原点，焦点在 y 轴上，抛物线上一点 $P(m，-3)$到焦点的距离为 5，则抛物线的准线方程为(　　).

A. $y=4$　　B. $y=-4$　　C. $y=2$　　D. $y=-2$

二、选择题

5. 抛物线 $y^2=-4x$ 上一点到焦点的距离为 4，则点的横坐标为________.

6. 抛物线的顶点在原点，对称轴为 y 轴，焦点在直线 $y-2x+2=0$ 上，则此抛物线的标准方程为________.

三、解答题

7. 已知抛物线的顶点在原点，对称轴为 y 轴，顶点到焦点的距离是 8，求抛物线的标准方程.

8. 已知抛物线的顶点为坐标原点，焦点在 y 轴上，抛物线上一点 $M(a, -3)$ 到焦点的距离为 5，求 a 的值.

提高训练

9. 直线 $y=2x$ 与抛物线 $y^2=16x$ 交于 A，B 两点，求线段 AB 的长.

10. 在河上建一座抛物线形的拱桥，拱高是 3 m，跨度是 12 m，求拱桥的抛物线方程.

数学窗

皮埃尔·德·费马

皮埃尔·德·费马

皮埃尔·德·费马(1601—1665)，法国律师和数学家. 他对数论最有兴趣，也对现代微积分的建立有所贡献，被誉为“业余数学家之王”. 费马独立于笛卡儿发现了解析几何的基本原理.

1629 年以前，费马便着手重写公元前 3 世纪古希腊几何学家阿波罗尼奥斯失传的《平面轨迹》一书. 他用代数方法对阿波罗尼奥斯关于轨迹的一些失传的证明作了补充，对古希腊几何学，尤其是阿波罗尼奥斯圆锥曲线论进行了总结和整理，对曲线作了一般研究，并于 1630 年用拉丁文撰写了仅有八页的论文《平面与立体轨迹引论》.

费马一生从未受过专门的数学教育，数学研究也不过是业余的爱好.然而，在 17 世纪的法国还找不到哪位数学家可以与之匹敌，他是解析几何的发明者之一，对于微积分诞生的贡献仅次于牛顿、莱布尼茨，他还是概率论的主要创始人，以及独撑 17 世纪数论天地的人.此外，费马对物理学也有重要贡献.一代数学天才费马堪称是 17 世纪法国最伟大的数学家.

第 6 单元 · 立体几何

6.1 平面的基本性质

6.1.1 平面的概念、表示和画法

知识要点

1. 平面是指**光滑**、**平坦**且**无限延展**的图形.

2. 通常用一个平行四边形来表示平面，一般用希腊字母来表示，也可以用平行四边形的顶点或对角顶点的字母组合来命名，用四个顶点字母来表示平行四边形时，要按**顺时针**或**逆时针**的顺序来标写字母.

3. 当平面水平放置的时候，通常把平行四边形的锐角画成 45°，横边长等于邻边长的 2 倍；当平面正对我们竖直放置的时候，通常把平面画成矩形.

4. 画两个平面相交的图形时，一定要画出它们的交线，图形中被遮挡部分的线段要画成**虚线或者不画**.

笔 记

典型例题

例 1 下列说法错误的是(　　).

A. 平面是光滑的　　　　B. 平面是平坦的

C. 平面没有厚度　　　　D. 平面是有界的

分析 根据平面的定义，平面是光滑、平坦且无限延伸的，所以 A，B 选项是对的，D 选项是错的. 平面是一个二维的图形，没有厚度，故 C 选项也是对.

解　答案为 D.

例 2　任意画两个相交平面.

解　画法如图 6-1 所示. 画两个相交平面时，要画出交线，图形中被遮挡部分的线段用虚线表示或者不画.

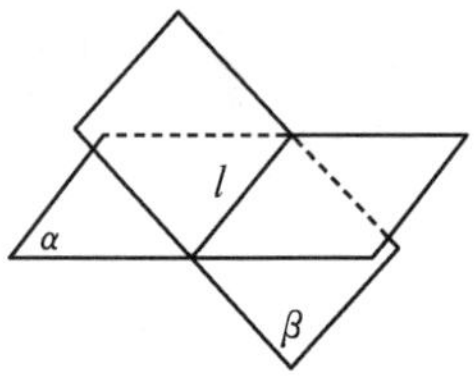

图 6-1

基础训练

一、选择题

1. 下列说法正确的是(　　).

A. 桌面是一个平面　　B. 平行四边形是一个平面

C. △ABC 是一个平面　　D. 平面没有边界

二、判断题(对的画√，错的画×)

2. 平面就是一个平行四边形.（　　）

3. 静止的水面是平面的一部分.（　　）

4. 球面是平面的一部分.（　　）

5. 一个平面可以将空间分成两部分.（　　）

三、填空题

6. 当平面水平放置的时候，通常把平行四边形的锐角画成________，横边长等于邻边长的________倍.

四、作图题

7. 如图 6-2 所示，试判断以下平面与平面相交时的图形是否正确，若正确，在图形下方括号画√，若不正确，请在图形下方括号里画×，并在图上予以改正.

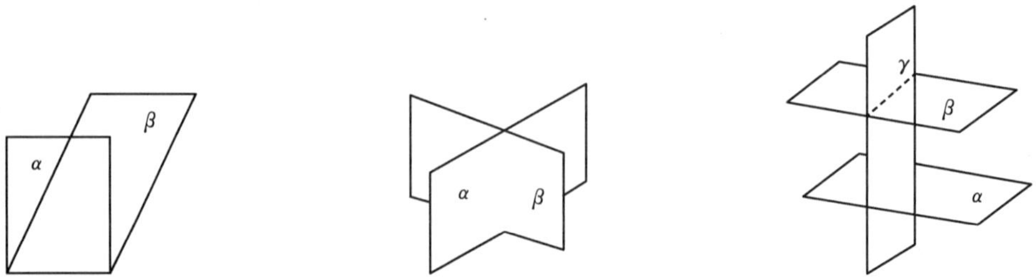

(　　)　　(　　)　　(　　)

图 6-2

8. 画一个水平放置的平面，四个顶点用 A，B，C，D 四个字母按顺时针的顺序标写，并用字母来表示.

9. 画一个竖直放置的平面，四个顶点用 A，B，C，D 四个字母按逆时针的顺序标写，并用字母来表示.

提高训练

10. 画一个边长为 4 cm 的正方体，并用字母标写 8 个顶点.

11. 写出长方体 $ABCD\text{-}A_1B_1C_1D_1$ 的 6 个面.

6.1.2 平面的基本性质

知识要点

笔记

1. 公理 1：如果一条直线上的**两个点**在一个平面内，那么这条直线在此平面内.

2. 公理 2：如果不重合的两个平面有**一个公共点**，那么它们有且只有一条过该点的公共直线.

3. 公理 3：经过**不在同一条直线**上的三个点，有且只有一个平面.

(1)推论 1：经过一条直线和直线外一点，有且只有一个平面.

(2)推论 2：经过两条相交直线，有且只有一个平面.

(3)推论 3：经过两条平行直线，有且只有一个平面.

典型例题

例　用数学符号来表示公理 1.

分析　若点 P 在直线 l，记作 $P\in l$，反之记作 $P\notin l$；若点 P 在平面 α 内，记作 $P\in\alpha$，反之记作 $P\notin\alpha$；若直线 l 在平面 α 内，记作 $l\subset\alpha$，反之记作 $l\not\subset\alpha$.

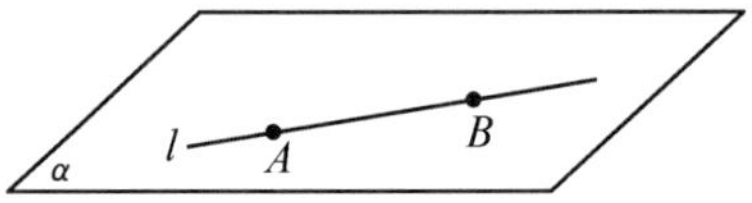

图 6-3

解　如图 6-3 所示，直线 l 上的两点记作 A 和 B，平面记为 α. 点 A 和点 B 在直线 l 上又在平面 α 内，记作 $A\in l$，$B\in l$，$A\in\alpha$，$B\in\alpha$；直线 l 在平面内，记作 $l\subset\alpha$. 所以公理 1 可以表示为：

$$A\in l，B\in l \text{ 且 } A\in\alpha，B\in\alpha\Rightarrow l\subset\alpha.$$

基础训练

改错与反思

一、选择题

1. 若两平面相交，它们公共点有(　　).

A. 1 个　　B. 2 个

C. 无数个　　D. 以上都有可能

2. 经过同一直线上三点的平面有(　　).

A. 1 个　　B. 3 个

C. 无数个　　D. 以上都有可能

3. 经过一条直线和直线外一点的平面有(　　).

A. 1 个　　B. 2 个　　C. 无数个　　D. 不存在

4. 以下说法不正确的是(　　).

A. 两条相交直线可以确定一个平面

B. 两条平行直线可以确定一个平面

C. 平面内的一条线段，它的延长线可以不在这个平面内

D. 经过两个点的平面有无数个

二、填空题

5. 若点 $A\in\alpha$，$B\in\alpha$，则直线 AB ________ α.

6. 经过三条相互平行的直线可以确定________个平面.

7. 经过同一个点的三条直线可以确定________个平面.

三、解答题

8. 用符号言语来表示以下点、线、面之间的关系.

(1)点 A 在直线 l，点 B 不在平面 α 内；

(2)点 A 不在直线 l，直线 l 在面 α 内；

(3)平面 α 与平面 β 交于直线 l.

提高训练

9. 直线 l 与两平行直线 a，b 分别交于点 A，B，求证：三条直线 a，b，l 共面.

10. 讨论如下三个问题：

(1)一个平面把空间分成了几个部分？

(2)两个平面把空间分成了几个部分？

(3)三个平面把空间分成了几个部分？

数学窗

欧几里得

欧几里得(约前 330—前 275)，古希腊数学家，被称为“几何之父”. 欧几里得写了一些关于几何、数论等方面的著作. 他最著名的著作就是《几何原本》，它是欧洲数学的基础，被广泛地认为是历史上最成功的教科书，在书中他提出五条几何公理：(1)过相异两点，能作且只能作一直线(直线公理)；(2)线段(有限直线)可以任意地延长；(3)以任一点为圆心、任意长为半径，可作一圆(圆公理)；(4)凡是直角都相等(角公理)；(5)两直线被第三条直线所截，如果同侧两内角和小于两个直角的和，则两直线则会在该侧相交.

6.2　直线与直线的位置关系

6.2.1　平行直线

笔　记

知识要点

1. 平行的定义：我们把同一平面内不相交的两条直线叫作**平行线**.

2. 平行公理：过直线外一点**有且只有一条**直线与这条直线平行.

3. 平行性质：平行于同一条直线的两条直线平行.

4. 等角定理：如果一个角的两边与另外一个角的两边分别对应平行，那么这两个角**相等或互补**.

典型例题

例　如图 6-4 所示，已知空间四边形 $ABCD$ 中，E，F，G，H 分别是边 AB，BC，CD，DA 上的点，且满足$\frac{AE}{AB}=\frac{AH}{AD}=\frac{CF}{CB}=\frac{CG}{CD}=\frac{4}{9}$. 求证：四边形 $EFGH$ 是平行四边形.

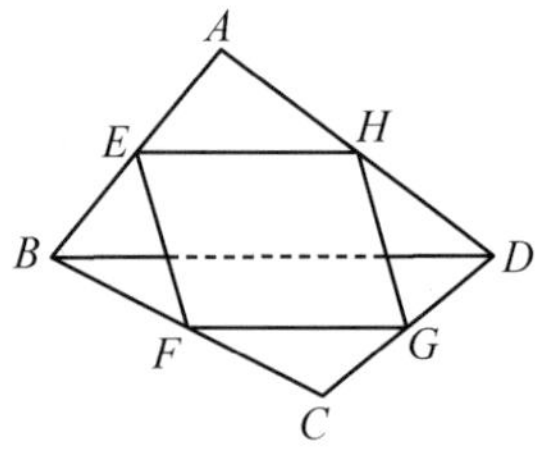

图 6-4

分析　要想证明四边形 $EFGH$ 是平行四边形，只要在四边形中找到一组对边平行且相等即可，可以选取 EH 与 FG 或 EF 与 HG，用相似三角形的性质推导出它们平行且相等.

证明　因为$\frac{AE}{AB}=\frac{AH}{AD}=\frac{4}{9}$，边 AE 与 AH 的夹角以及边 AB 与 AD 的夹角都是$\angle A$，

所以$\triangle AEH\backsim\triangle ABD$，

所以$\angle AEH=\angle ABD$，$\frac{EH}{BD}=\frac{AE}{AB}=\frac{4}{9}$，

所以 $EH/\!/BD$ 且 $EH=\frac{4}{9}BD$. 同理可得 $FG/\!/BD$ 且 $FG=\frac{4}{9}BD$.

所以由平行的传递性知 $EH/\!/FG$，再结合 $EH=FG$ 得四边形 $EFGH$ 是平行四边形.

基础训练

改错与反思

一、选择题

1. 过直线外一点作这条直线的平行线，则(　　).

A. 有且只有 1 条　　B. 有可能不存在

C. 有无数条　　D. 不能确定

2. 三条直线两两平行可以确定的平面的个数(　　).

A. 0　　B. 1 或无数　　C. 0 或 1　　D. 1 或 3

3. 关于空间四边形结论中，正确的是(　　).

A. 空间四边形中不相邻的两条边有可能平行

B. 空间四边形的两条对角线有可能相交

C. 空间四边形的四个顶点有可能在一个平面内

D. 梯形不是空间四边形

4. 长方体的每个表面有两条对角线，这些对角线中平行的对数是(　　)对.

A. 4　　B. 6　　C. 8　　D. 12

二、填空题

5. 平面内两条直线的位置关系有________和________.

6. 若直线 $a/\!/b$，$b/\!/c$，$c/\!/d$，则直线 a 与直线 d 的关系是________.

7. 一个角的两边与另外一个角的两边分别平行，则这两个角的关系是________.

三、解答题

8. 在长方体 $ABCD\text{-}A_1B_1C_1D_1$ 中，

(1)与直线 AB 相交的直线有哪些？

(2)与直线 AB 平行的直线有哪些？

9. 如图 6-5 所示，空间四边形 $ABCD$，E，F，G，H 分别是 AB，BC，CD，DA 的中点，证明：EG 与 FH 相交且相互平分.

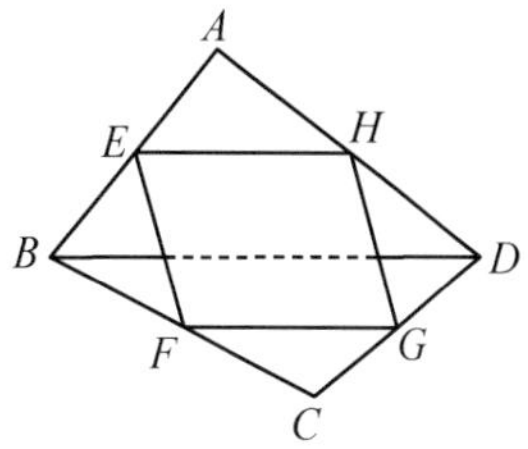

图 6-5

提高训练

10. 空间两角$\angle ABC$与$\angle A_1B_1C_1$满足$AB /\!/ A_1B_1$，$CB /\!/ C_1B_1$，判断$\angle ABC$与$\angle A_1B_1C_1$的关系，并说明理由.

11. 已知空间四边形$ABCD$，E，F，G，H分别是AB，BC，CD，DA的中点，对角线$AC=BD$，证明：$EG \perp FH$.

6.2.2　异面直线

知识要点

笔　记

1. 不同在**任何一个平面内**的两条直线叫作异面直线.

2. **平行**或**相交**直线都是共面直线.

3. 空间两条直线的位置关系可以分为**共面直线**和**异面直线**，也可以分为**平行直线**、**相交直线**和**异面直线**.

4. 已知两条异面直线a，b，经过空间任意一点O作直线$a' /\!/ a$，$b' /\!/ b$，我们把a'与b'所成的**锐角(或直角)**叫作异面直线a与b所成的角(或夹角).

5. 异面直线所成的角的范围$(0°, 90°]$.

典型例题

例　如图 6-6 所示，在正方体$ABCD\text{-}A'B'C'D'$中，

(1)哪些棱所在直线与直线BA'是异面直线？

(2)直线BA'与CD的夹角是多少？

(3)哪些棱所在的直线与直线AB异面且垂直？

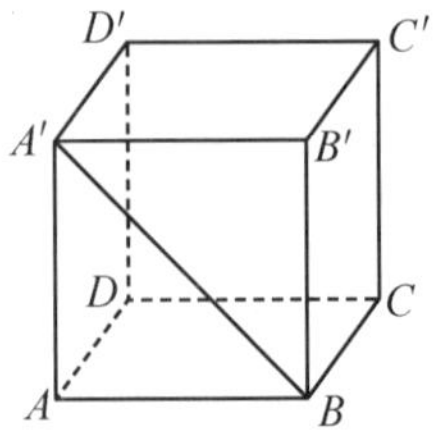

图 6-6

分析　第一问可以根据定义去寻找异面直线；第二问中的两条直线是异面直线，可以平移CD直到与AB相交，这样所得夹角就是两条异面直线所成的角；第三问中的垂直分成相交垂直和异面垂直两种类型.

解 (1)由异面直线定义知，棱 CD，DA，CC'，DD'，$B'C'$，$C'D'$所在直线与直线 BA'异面.

(2)因为 $BA/\!/CD$，所以$\angle A'BA$ 为 BA'与 CD 的夹角.

由正方体的性质知$\angle A'BA=45°$，所以直线与 BA'与 CD 的夹角是 45°.

(3)棱 CC'，DD'，$A'D'$，$B'C'$与直线 AA'异面且垂直.

基础训练

改错与反思

一、选择题

1. 若两条直线没有公共点，则两条直线是(　　).

A. 平行直线　　B. 异面直线

C. 共面直线　　D. 平行或异面直线

2. 两条异面直线所成的角的范围是(　　).

A. (0°，90°)　　B. (0°，90°]　　C. [0°，90°)　　D. [0°，90°]

3. 若一条直线与两条平行直线中的一条是异面的，则它和另外一条直线的关系是(　　).

A. 异面　　B. 相交

C. 相交或异面　　D. 平行或相交或异面

4. 以下表述正确的是(　　).

A. 在两个平面内的直线是异面直线

B. 两条垂直的直线一定相交

C. 垂直于同一条直线的两条直线一定平行

D. 不同在任何一个平面内的两条直线是异面直线

二、填空题

5. 空间两条直线的位置关系有________、________和________.

6. 在正方体 $ABCD\text{-}A_1B_1C_1D_1$ 中，与直线 AB 异面的棱有________条.

7. 在正方体 $ABCD\text{-}A_1B_1C_1D_1$ 中，异面直线 AB_1 与 CD 所成角的大小为________.

三、作图题

8. 画出两个相交平面，在每个平面内各画一条直线，使它们成为：

(1)相交直线；　　(2)平行直线；　　(3)异面直线.

四、解答题

9. 如图 6-7 所示，在正方体 $ABCD\text{-}A_1B_1C_1D_1$ 中，

(1)与直线 A_1B 异面的棱有哪些?

(2)求直线 A_1B 与 AC 所成的角.

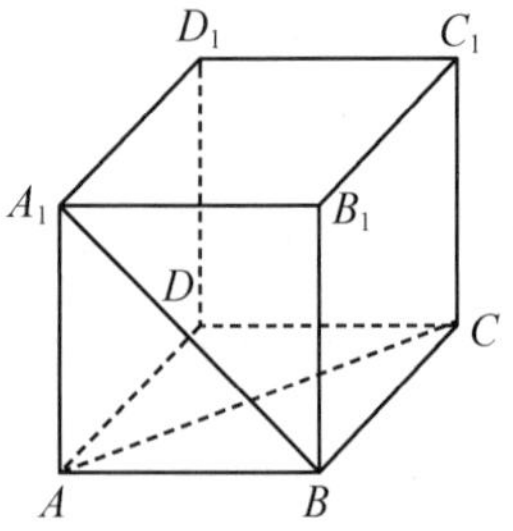

图 6-7

提高训练

10. 如图 6-8 所示，在长方体 $ABCD\text{-}A_1B_1C_1D_1$ 中，$AB=BC=1$，$AA_1=\sqrt{3}$，求 A_1B 与 B_1C 所成角的余弦值.

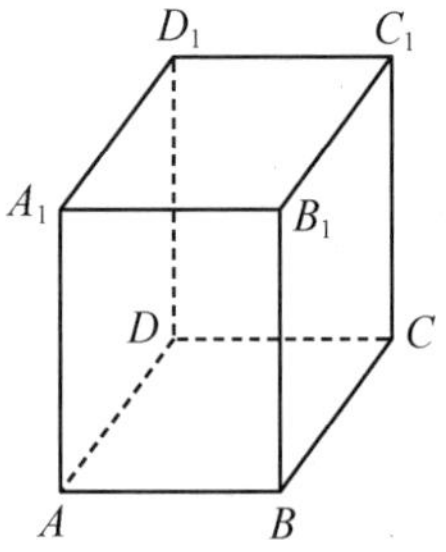

图 6-8

11. 如图 6-9 所示，空间四边形 $ABCD$ 的对角线 $AC=20$，$BD=12$，点 M，N 分别为 AB，CD 的中点，且 $MN=14$，求异面直线 AC 与 BD 所成角的大小.

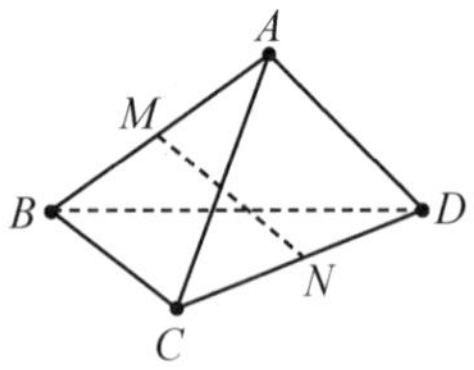

图 6-9

数学窗

几何最早有记录的开端可以追溯到古埃及、古印度和古巴比伦，其年代大约始于公元前3000年．早期的几何学是关于长度、角度、面积和体积的经验原理，被用于测绘、建筑、天文和各种工艺制作中的实际需要中．它们中间有令人惊讶的复杂的原理，以至于现代的数学家很难不用微积分来推导它们．例如，古埃及人和古巴比伦人都在毕达哥拉斯之前1500年就知道了毕达哥拉斯定理(勾股定理)；古埃及有方形棱锥的锥台体积公式；而古巴比伦有一个三角函数表．

金字塔

6.3　直线与平面的位置关系

6.3.1　直线与平面平行

笔　记

知识要点

1. 直线与平面的位置关系：

(1)直线在平面内——有**无数**个公共点；

(2)直线与平面相交——有且只有**一个**公共点；

(3)直线与平面平行——**没有**公共点.

2. 直线与平面**相交或平行**的情况统称为直线在平面外.

3. 直线与平面平行的判定定理：如果**平面外**一条直线与此**平面内**的一条直线平行，那么这条直线与此平面平行.

4. 直线与平面平行的性质定理：如果一条直线与一个平面平行，则经过这条直线的**任一平面**与此平面的交线与该直线平行.

典型例题

例 1　如图 6-10 所示，在三棱锥 $A\text{-}BCD$ 中，E，F 分别是侧棱 AB，AD 上的点，且 $AE=4$，$AB=6$，$AF=6$，$AD=9$，求证：$EF\,/\!/$平面 BCD.

分析　根据直线与平面平行的判定定理，要想证明 $EF\,/\!/$平面 BCD，只需要在平面 BCD 中找到一条直线与 EF 平行即可.

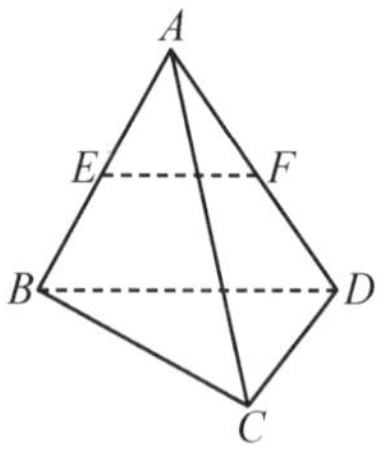

图 6-10

证明　连接 EF.

因为 $AE=4$，$AB=6$，$AF=6$，$AD=9$，

所以 $\dfrac{AE}{AB}=\dfrac{2}{3}=\dfrac{AF}{AD}$，

所以由相似比的性质得 $EF\,/\!/BD$.

又因为 $EF\not\subset$平面 BCD，$BD\subset$平面 BCD，

所以 $EF\,/\!/$平面 BCD.

例 2　如图 6-11 所示，平面 α，平面 β，平面 γ 两两相交于直线 m，n，l，已知 $m/\!/l$，求证：$m/\!/n$.

分析　根据直线与平面平行的判定定理，由“线线平行”推导出线面平

行．再根据直线与平面平行的性质定理，由“线面平行”推导出“线线平行”．

证明　因为 $m /\!/ l$，$m \not\subset \beta$，$l \subset \beta$，所以由直线与平面平行的判定定理得 $m /\!/ \beta$．

又因为平面 γ 过直线 m 且与平面 β 交于直线 n，所以由直线与平面平行的性质定理得 $m /\!/ n$．

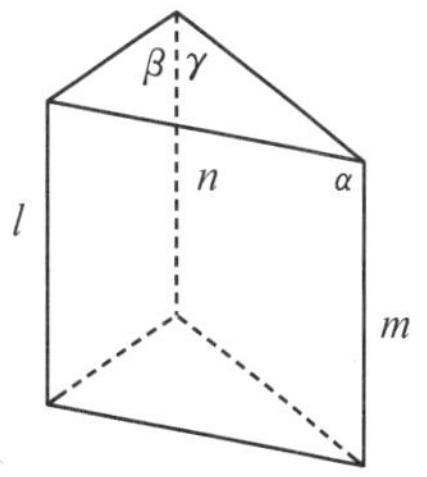

图 6-11

基础训练

改错与反思

一、选择题

1. 直线与平面的公共点个数不可能是(　　)个．

A. 0　　B. 1　　C. 2　　D. 无数

2. 直线 $a /\!/$ 平面 α，直线 b 在平面 α 内，则直线 a 与直线 b 的关系是(　　)．

A. 平行　　B. 相交　　C. 异面　　D. 平行或异面

3. 若两条直线与平面 α 都平行，那么这两条直线(　　)．

A. 平行　　B. 相交

C. 异面　　D. 以上都有可能

4. 下列说法错误的是(　　)．

A. 若直线与平面平行，则这条直线与平面内的无数条直线平行

B. 若直线 l 与平面 α 内的一条直线平行，那么直线 $l /\!/$ 平面 α

C. 两个平面都与某条直线平行，那么这两个平面平行或相交

D. 若一条直线与一个平面平行，那么过这条直线的任一平面与此平面的交线与该直线平行

二、填空题

5. 直线与平面________或________的情况统称为直线在平面外．

6. 经过直线外一点有________个平面与这条直线平行．

7. 经过平面外一点有________条直线与这个平面平行．

三、解答题

8. 在长方体 $ABCD\text{-}A_1B_1C_1D_1$ 中，

(1)与直线 AA_1 平行的平面有哪些？

(2)与平面 $ABCD$ 平行的棱有哪些？

(3)证明：$AC /\!/$ 平面 $A_1B_1C_1D_1$．

9. 如图 6-12 所示，空间四边形 $ABCD$ 中，E，F 分别是 AB，AD 边上的中点，求证：$EF /\!/$ 平面 BCD.

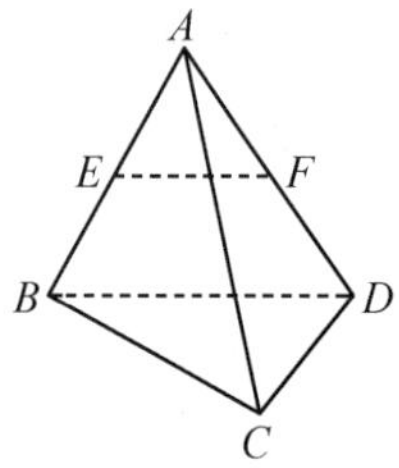

图 6-12

提高训练

10. 如图 6-13 所示，P 是平行四边形 $ABCD$ 外面一点，E 为 PA 的中点，求证：$PD /\!/$ 平面 EBC.

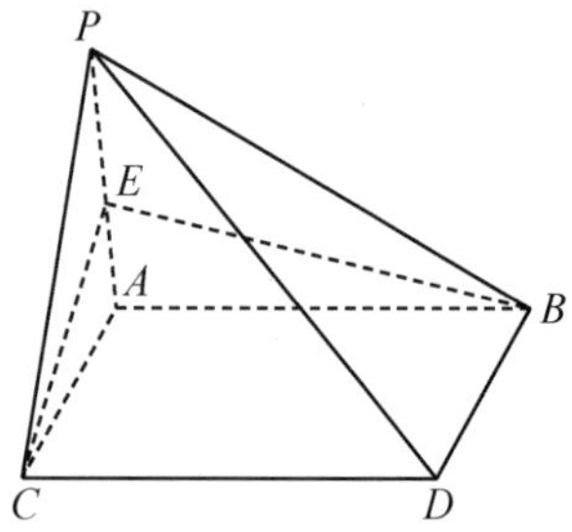

图 6-13

11. 如图 6-14 所示，直线 $AB /\!/$ 平面 α，平面 β 和平面 γ 过直线 AB，$\alpha \cap \beta = CD$，$\alpha \cap \gamma = EF$，求证：$CD /\!/ EF$.

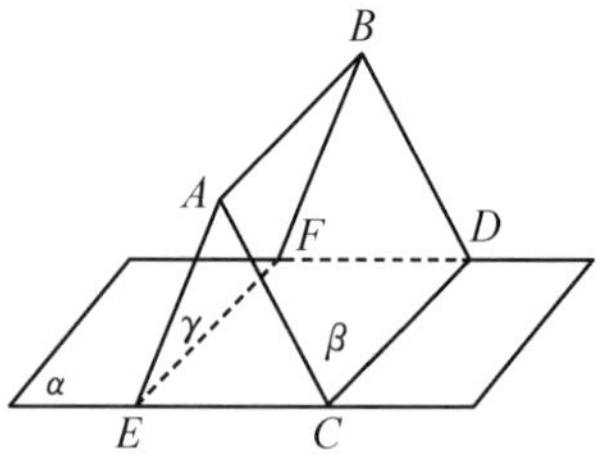

图 6-14

6.3.2　直线与平面垂直

知识要点

笔　记

1. 直线与平面垂直的判定定理：一条直线与一个平面内的两条相交直线都垂直，则该直线与此平面垂直.

2. 直线与平面垂直的性质定理：如果两条直线同垂直于一个平面，则这两条直线平行.

3. 如果在一组平行直线中，有一条直线垂直于平面，那么另外一条直线也垂直于平面.

典型例题

例　如图 6-15 所示，在正三棱锥 $P\text{-}ABC$ 中，求证：$BC\perp PA$.

分析　直接证明 $BC\perp PA$ 比较困难，所以先找到某个过 PA 的平面并且这个平面与直线 BC 垂直，最后通过线面垂直的定义来证明线线垂直.

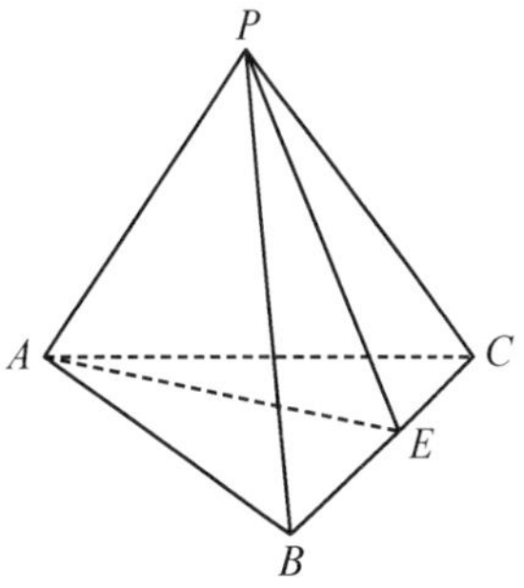

图 6-15

证明　取 BC 的中点 E，连接 PE，AE.

由正三棱锥的性质得 $PB=PC$，$AB=AC$，

所以 $PE\perp BC$，$AE\perp BC$，

又因为 PE 与 AE 是平面 PAE 内的两条相交直线，

所以由直线与平面垂直的判定定理得 $BC\perp$ 平面 PAE.

因为 $PA\subset$ 平面 PAE，

所以由直线与平面垂直的定义得 $BC\perp PA$.

基础训练

改错与反思

一、选择题

1. 两条不同直线同时垂直于同一个平面，则这两条直线的位置关系是(　　).

A. 平行　　B. 异常

C. 相交　　D. 以上都有可能

2. 已知 a，b 是两条不同的直线，α 是一个平面，且 $a\perp\alpha$，$b/\!/\alpha$，则直线 a 与 b 的位置关系为(　　).

A. 平行　　B. 相交　　C. 异面　　D. 相交或异面

3. 已知 a，b 是两条不同的直线，α 是一个平面，且 $a\perp\alpha$，$b\perp a$，则直线 b 与平面 α 的位置关系为(　　).

A. $b/\!/\alpha$　　B. $b\perp\alpha$　　C. $b\subset\alpha$　　D. $b/\!/\alpha$ 或 $b\subset\alpha$

4. 下列表述正确的是(　　).

A. 若直线与平面内两条直线垂直，则直线与平面垂直

B. 若直线与平面内的无数条直线垂直，则直线与平面垂直

C. 若直线与平面不垂直，则直线与平面内的所有直线都不垂直

D. 若直线与平面垂直，则直线与平面内的所有直线都垂直

二、填空题

5. 若直线垂直于三角形的两边，则该直线与三角形第三边的位置关系是________.

6. 在一组平行直线中，有一条直线垂直于平面，那么另外的直线与该平面的位置关系是________.

7. 如图 6-16 所示，在$\triangle ABC$ 中，$\angle C=90°$，$PA\perp$平面 ABC，则图中直角三角形有________个.

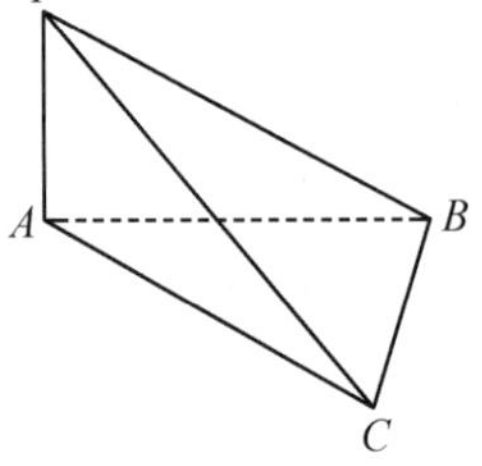

图 6-16

三、证明题

8. 如图 6-17 所示，在正方体 $ABCD\text{-}A_1B_1C_1D_1$ 中，求证：$AC\perp$平面 BB_1D_1D.

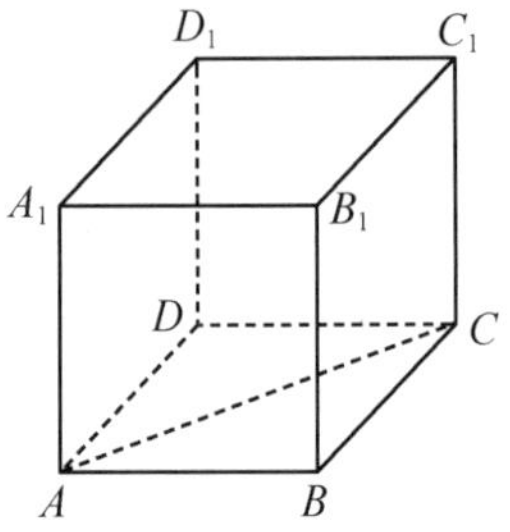

图 6-17

9. 如图 6-18 所示，$PA\perp$平面 ABC，D 是 BC 上一点且 $AD\perp BC$，求证：$BC\perp PD$

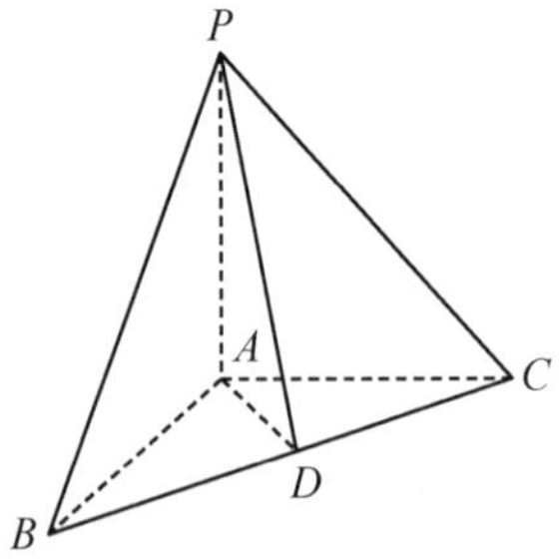

图 6-18

提高训练

10. 如图 6-19 所示，已知平面 α，β，$\alpha \cap \beta = CD$，空间中有一点 P，$PA \perp \alpha$ 且垂足为 A，$PB \perp \beta$ 且垂足为 B，求证：$AB \perp CD$.

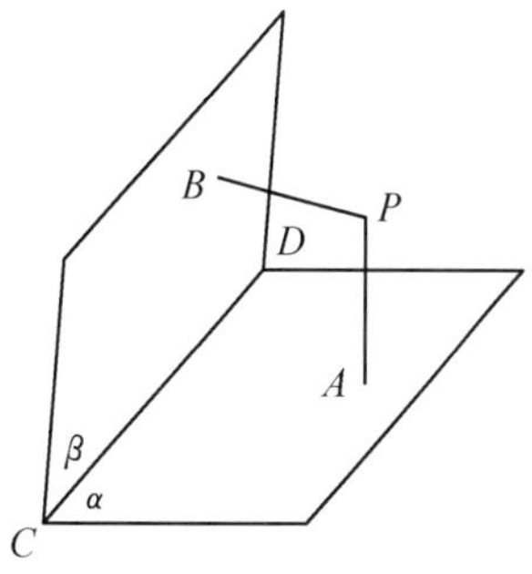

图 6-19

11. 如图 6-20 所示，$PA \perp$ 平面 ABC，$AC \perp BC$，$AD \perp PC$ 交于 D，$AE \perp PB$ 交于 E，求证：$DE \perp PB$.

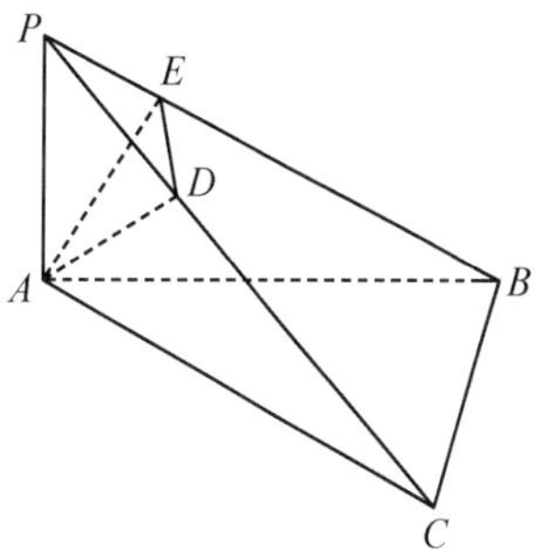

图 6-20

6.3.3　直线与平面所成的角

知识要点

1. 斜线与平面所成的角：斜线和它在平面内的射影所成的**锐角**.

2. 直线与平面所成的角范围为$[0°, 90°]$.

3. 斜线与平面所成的角范围为$(0°, 90°)$.

4. **三垂线定理**：在平面内的一条直线，如果与这个平面的一条斜线的射影垂直，那么它与这条斜线也垂直.

5. **三垂线定理逆定理**：在平面内的一条直线，如果与这个平面的一条斜线段垂直，那么它与这条斜线段的射影也垂直.

笔　记

典型例题

例　如图 6-21 所示，在正方体 $ABCD\text{-}A_1B_1C_1D_1$ 中，求直线 AC_1 与平面 $ABCD$ 所成角的余弦值.

分析　求直线 AC_1 与平面 $ABCD$ 所成的角，先要找到直线 AC_1 在平面 $ABCD$ 的射影，斜线和射影所成的锐角即为所求角.

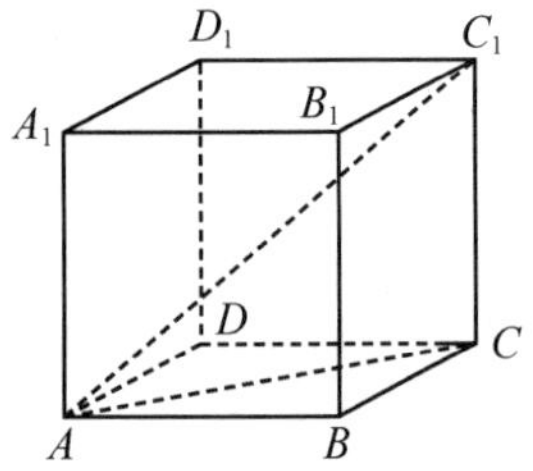

图 6-21

解　连接直线 AC.

因为 $CC_1\perp$平面 $ABCD$，

所以 C 为垂足，

所以直线 AC 为直线 AC_1 在平面 $ABCD$ 内的射影，

所以$\angle CAC_1$ 为直线 AC_1 与平面 $ABCD$ 所成的角.

设正方体的边长为 a，则 $CC_1=a$，$AC=\sqrt{2}a$，$AC_1=\sqrt{3}a$，

所以在 $\text{Rt}\triangle CAC_1$ 中，$\cos\angle CAC_1=\dfrac{AC}{AC_1}=\dfrac{\sqrt{6}}{3}$.

所以直线 AC_1 与平面 $ABCD$ 所成角的余弦值为$\dfrac{\sqrt{6}}{3}$.

基础训练

改错与反思

一、选择题

1. 直线与平面所成角的范围是(　　).

A. $\left[0,\ \dfrac{\pi}{2}\right]$　　B. $\left(0,\ \dfrac{\pi}{2}\right]$　　C. $\left[0,\ \dfrac{\pi}{2}\right)$　　D. $\left(0,\ \dfrac{\pi}{2}\right)$

2. 若两条直线与某一平面所成角的大小相同，则这两条直线的位置关系为(　　).

A. 平行　　B. 相交

C. 异面　　D. 以上都有可能

3. 如果一个平面的一条斜线段长是它在这个平面上的射影的两倍，那么这条斜线与平面所成角为(　　).

A. 30°　　B. 45°　　C. 60°　　D. 90°

4. 平面 α 外点 A，B 到平面 α 的距离相等，那么直线 AB 与平面 α 的关系是(　　).

A. 平行　　B. 相交　　C. 垂直　　D. 平行或相交

二、填空题

5. 斜线与平面所成角的范围是________.

6. 直线 l 与平面 α 所成角大小为 $\frac{\pi}{4}$，并交于点 A，P 是直线 l 上一点且 $PA=\sqrt{2}$，则点 P 到平面 α 的距离为________.

7. 在正方体 $ABCD\text{-}A_1B_1C_1D_1$ 中，直线 BD_1 与平面 $ABCD$ 所成角的正弦值为________.

三、解答题

8. 如图 6-22 所示，正方体 $ABCD\text{-}A_1B_1C_1D_1$ 中，E 是 BC 的中点，求 D_1E 与平面 $ABCD$ 所成角的余弦值.

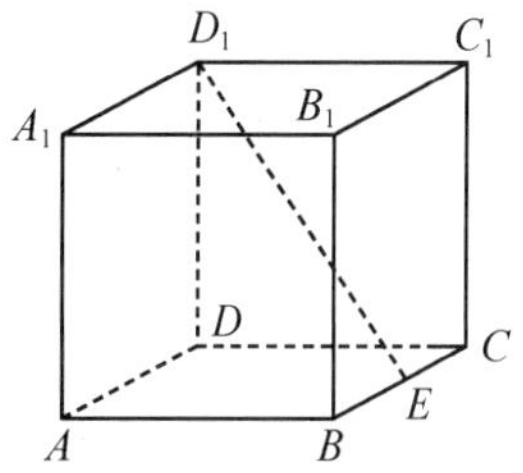

图 6-22

9. 如图 6-23 所示，在长方形 $ABCD$ 中，$AC=1$，$PA\perp$平面 $ABCD$，PC 与平面 $ABCD$ 的夹角是 $45°$，PB 与平面 $ABCD$ 的夹角是 $30°$，求 PD 与平面 $ABCD$ 所成角的正切值.

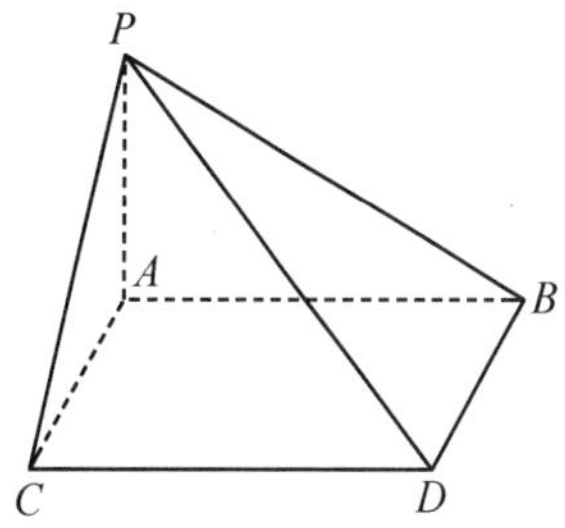

图 6-23

10. 如图 6-24 所示，正方体 $ABCD\text{-}A_1B_1C_1D_1$ 中，求直线 A_1B 与平面 A_1B_1CD 所成角的大小.

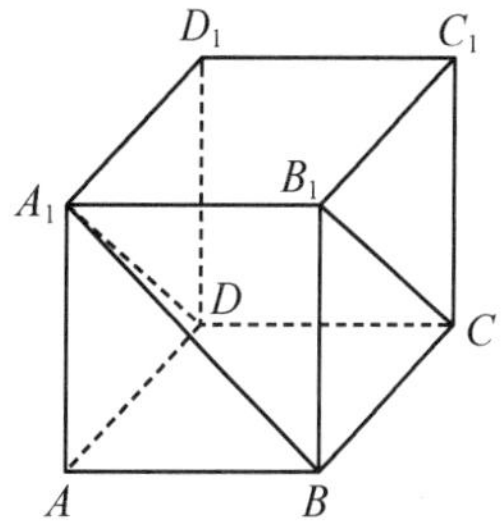

图 6-24

提高训练

11. 如图 6-25 所示，求正四面体侧棱 AB 与底面 BCD 所成角的余弦值.

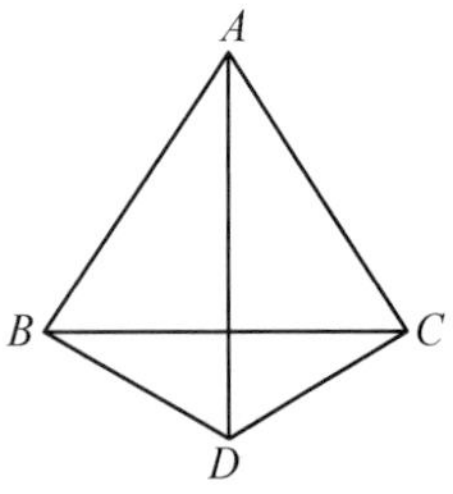

图 6-25

12. 如图 6-26 所示，过平面 α 外一点 P 引斜线 PA，PB 分别交平面 α 于 A，B 两点，PA，PB 与平面 α 所成角分别是 45°，30°，$PA\perp PB$，过 P 作 $PC\perp AB$ 交 AB 于 C，求 PC 与平面 α 所成角的大小.

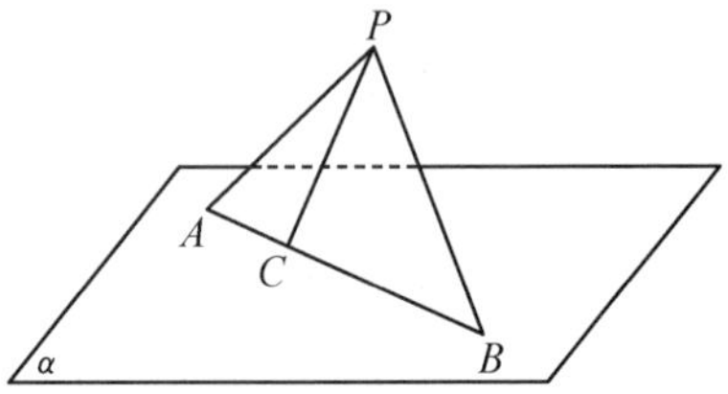

图 6-26

数学窗

几何一词最早起源于希腊语“γεωμετρία”，由“γέα”(土地)和“μετρεῖν”(测量)两个词组合而来，指土地的测量，即测地术，后来转化为拉丁语“geometria”. 中文中的“几何”一词，最早是在明代利玛窦、徐光启合译《几何原本》时，由徐光启所创. 当时并未给出所依根据，后世多认为一方面几何可能是拉丁化的希腊语 GEO 的音译，另一方面由于《几何原本》中也有利用几何方式来阐述数论的内容，所以这也可能是 magnitude(多少)的意译，所以一般认为几何是 geometria 的音、意并译.

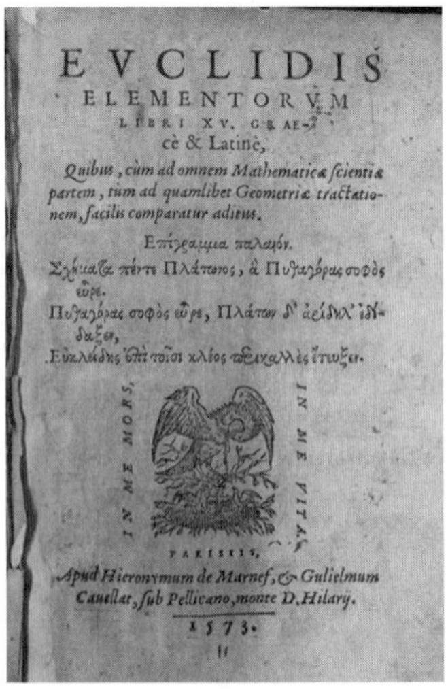

几何原本

6.4 平面与平面的位置关系

6.4.1 平面与平面平行

知识要点

1. 平面与平面的位置关系：**平行和相交**.

2. 平面与平面平行的判定定理：如果一个平面内的两条**相交**直线都与另外一个平面平行，那么这两个平面平行.

3. 判定定理的推论：如果一个平面内的两条相交直线分别平行于另外一个平面内的两条相交直线，那么这两个平面平行.

4. 平面与平面平行的性质定理：如果两个平行平面同时与第三个平面相交，那么它们的交线平行.

笔 记

典型例题

例 1 如图 6-27 所示，在三棱锥 P-ABC 中，$PA=5$，$PB=10$，$PC=\frac{15}{2}$，D，E，F 分别是 PA，PB，PC 上的点，$PD=2$，$PE=4$，$PF=3$，求证：平面 ABC∥平面 DEF.

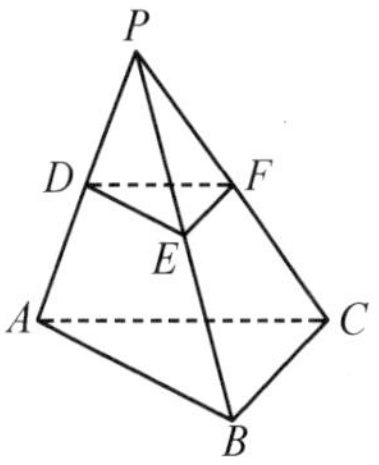

图 6-27

分析 要想证明两个平面平行，可以用平面与平面平行的判定定理，也可以用它对应的推论. 在两个平面内各找两条相交直线分别平行的方法可以更快地证明面面平行.

证明 连接 DE，DF，EF.

因为$\frac{PD}{PA}=\frac{PE}{PB}=\frac{PF}{PC}=\frac{2}{5}$，

所以 $DE/\!/AB$，$DF/\!/AC$.

又因为 $DE\subset$平面 DEF，$DF\subset$平面 DEF，$DE\cap DF=D$，

$AB\subset$平面 ABC，$AC\subset$平面 ABC，$AB\cap AC=A$，

所以由平面与平面平行的判定定理的推论得平面 ABC∥平面 DEF.

例 2 如图 6-28 所示，平面 α 与平面 β 平行，直线 AB 交平面 α，β 于 A，B，直线 CD 交平面 α，β 于 C，D，$AB\cap CD=O$，点 O 在两个平面之间，$AO=5$，$BO=10$，$CD=18$，求 CO 的长度.

分析　直线 AB，CD 相交于点 O，所以直线 AB，CD 可以确定一个平面，根据平面与平面平行的性质定理得 $AC/\!/BD$，进而得到 $\triangle OAC\backsim\triangle OBD$，最后求出 CO 的长度.

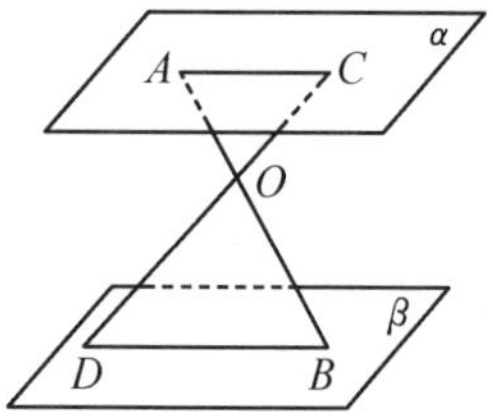

图 6-28

证明　因为 $AB\cap CD=O$，

所以 AB 与 CD 可以确定一个平面，记为平面 γ.

因为点 A，B，C，D，O 都在平面 γ 内，

所以 $\alpha\cap\gamma=AC$，$\beta\cap\gamma=BD$.

又因为 $\alpha/\!/\beta$，

所以由平面与平面平行的性质定理得 $AC/\!/BD$，

所以 $\angle A=\angle B$，$\angle C=\angle D$，

所以 $\triangle OAC\backsim\triangle OBD$，

所以 $\dfrac{AO}{BO}=\dfrac{CO}{DO}$.

又因为 $AO=5$，$BO=10$，$CD=CO+DO=18$，

所以 $\dfrac{5}{10}=\dfrac{CO}{18-CO}$，

所以 $CO=6$.

基础训练

改错与反思

一、选择题

1. 若 $a\subset\alpha$，$b\subset\beta$，$\alpha/\!/\beta$，则直线 a 与 b 的位置关系为(　　).

A. 平行　　B. 相交　　C. 异面　　D. 没有交点

2. 若 $a\not\subset\alpha$，则过直线 a 与平面 α 平行的平面个数为(　　).

A. 0 个　　B. 1 个　　C. 0 或 1 个　　D. 无数个

3. 若两个平行平面同时和第三个平面相交，则两条交线(　　).

A. 平行　　B. 相交　　C. 异面　　D. 垂直

4. 下列可以判断平面 α 与平面 β 平行的是(　　).

A. 平面 α 内有两条直线都与平面 β 平行

B. 平面 α 内有两条平行直线都与平面 β 平行

C. 平面 α 内有两条相交直线都与面 β 平行

D. 平面 α 内有无数条直线都与面 β 平行

二、填空题

5. 空间中两个平面的位置关系是________和________.

6. 平面 α 内的两条相交直线分别与平面 β 内的两条相交直线平行，则平面 α 与平面 β 的位置关系为________.

7. 若 α，β，γ 是三个不同的平面，$\alpha /\!/ \gamma$，$\beta /\!/ \gamma$，则 α 和 β 的位置关系是________.

三、解答题

8. 如图 6-29 所示，在四面体 $P\text{-}ABC$ 中，D，E，F 分别是 BC，BP，BA 的中点，求证：平面 $DEF /\!/$ 平面 CPA.

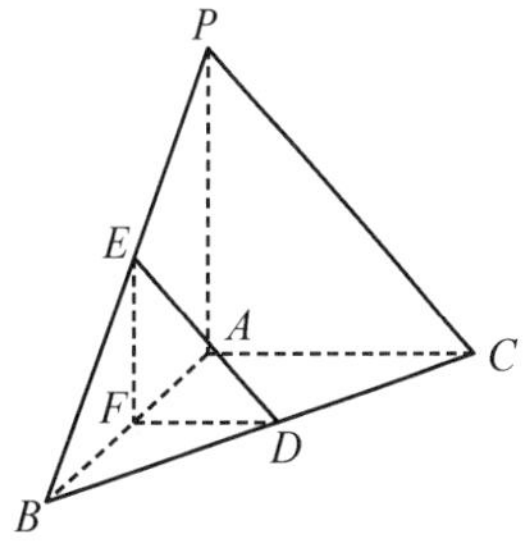

图 6-29

9. 如图 6-30 所示，平面 $\alpha /\!/$ 平面 β，P 是 α，β 外一点，直线 PB，PD 分别交 α，β 于 A，B 和 C，D，$PA=6$，$PB=10$，$PC=3$，求 CD 的长.

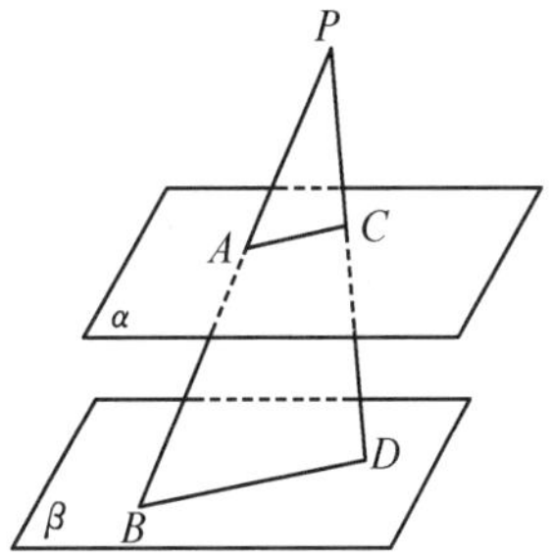

图 6-30

提高训练

10. 平面 $\alpha /\!/$ 平面 β，点 $A \in \alpha$，点 $B \in \beta$，$AB=10$，AB 在平面 β 内的射影长为 5，求平面 α 与平面 β 之间的距离.

11. 如图 6-31 所示，已知长方体 $ABCD\text{-}A_1B_1C_1D_1$，求证：平面 AB_1D_1∥平面 C_1BD.

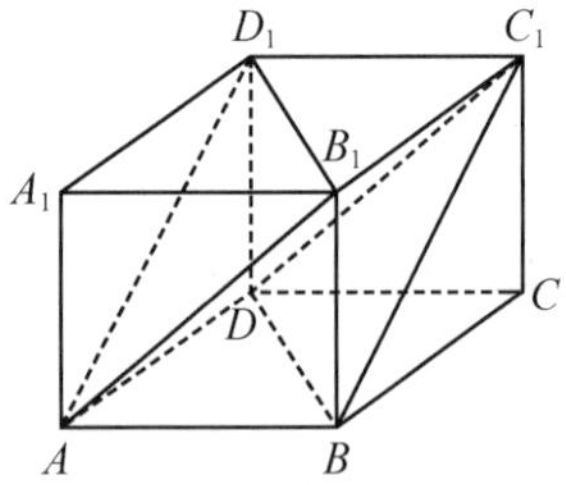

图 6-31

6.4.2　二面角

知识要点

1. 从一条直线出发的两个半平面所组成的图形叫作**二面角**.

2. 在二面角的棱 l 上任取一点 O，以点 O 为垂足，在半平面 α 和半平面 β 内分别作垂直于棱 l 的射线 OA，OB，则射线 OA，OB 所成的角 $\angle AOB$ 叫作**二面角的平面角**.

3. 二面角的平面角的大小范围是 $[0°, 180°]$.

典型例题

例　如图 6-32 所示，在三棱锥 $P\text{-}ABC$ 中，$AB=AC=4$，$PB=PC=6$，$PA=2\sqrt{2}$，$AB\perp AC$，$PB\perp PC$，求二面角 $P\text{-}BC\text{-}A$ 的余弦值.

分析　要求二面角的大小，可以先在棱 BC 上找一点，然后过这个点分别在两个半平面内作垂直于 BC 的射线，这两条射线所成角就是所求二面角的平面角.

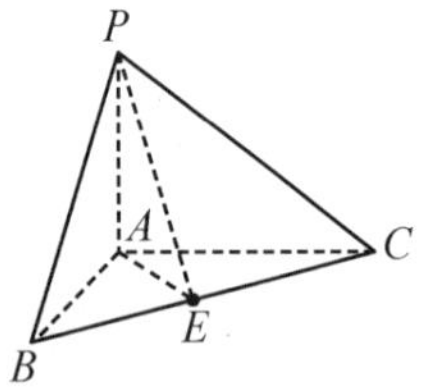

图 6-32

解　取 BC 的中点 E，连接 PE，AE.

因为 $AB=AC$，$PB=PC$，

所以 $PE\perp BC$，$AE\perp BC$.

又因为 $PE\subset$平面 PBC，$AE\subset$平面 ABC，

所以$\angle PEA$ 为二面角 $P\text{-}BC\text{-}A$ 的平面角.

因为 $AB\perp AC$，$PB\perp PC$，$AB=AC=4$，$PB=PC=6$，

所以 $AE=2\sqrt{2}$，$PE=3\sqrt{2}$.

又因为 $PA=2\sqrt{2}$，

所以 $\cos\angle PEA=\dfrac{AE^2+PE^2-PA^2}{2AE\times PE}=\dfrac{8+18-8}{24}=\dfrac{3}{4}$.

所以二面角 $P-BC-A$ 的余弦值为$\dfrac{3}{4}$.

基础训练

改错与反思

一、选择题

1. 二面角是指(　　).

A. 两个平面的夹角

B. 两个平面相交所组成的图形

C. 从一条直线出发的两个半平面所组成的图形

D. 从一条直线出发的两个半平面所成的角

2. 二面角的平面角的大小范围是(　　).

A. $(0°, 180°)$　　B. $[0°, 180°)$　　C. $(0°, 180°]$　　D. $[0°, 180°]$

3. 在正方体 $ABCD\text{-}A_1B_1C_1D_1$ 中，二面角 $A\text{-}B_1C_1\text{-}A_1$ 的大小为(　　).

A. $30°$　　B. $45°$　　C. $60°$　　D. $90°$

4. 有不大于 $90°$的二面角 $\alpha\text{-}l\text{-}\beta$，半平面 α 内有一点 P，它到棱 l 的距离为 2，到平面 β 的距离为$\sqrt{3}$，则该二面角的大小为(　　).

A. $30°$　　B. $60°$　　C. $30°$或 $150°$　　D. $60°$或 $120°$

二、填空题

5. 平面角对应的两条边和二面角的棱的位置关系是________.

6. 直二面 $\alpha\text{-}l\text{-}\beta$，点 P 到 α，β 的距离分别是 12，5，则 P 到直线 l 的距离为________.

7. 二面角 $\alpha\text{-}l\text{-}\beta$ 大小为 $60°$，半平面 α 内有一点 P，它到平面 β 的距离为 2，则 P 在平面 β 内的射影到棱 l 的距离为________.

三、解答题

8. 如图 6-33 所示，在长方体 $ABCD\text{-}A_1B_1C_1D_1$ 中，$AB=1$，$AA_1=2$，求二面角 $A_1\text{-}BC\text{-}A$ 的正切值.

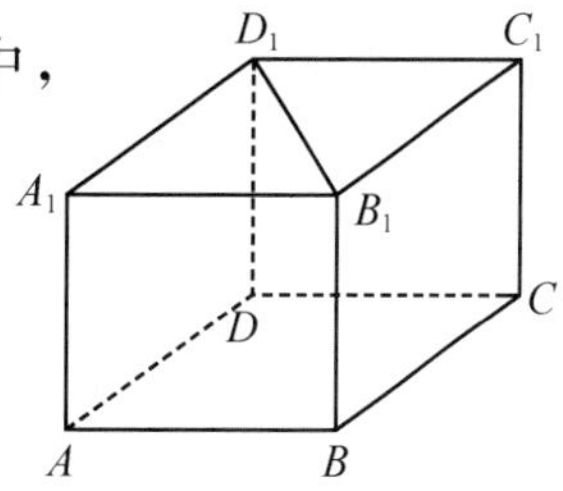

图 6-33

9. 如图 6-34 所示，四边形 $ABCD$ 是正方形，$PA\perp$面 $ABCD$，若 $PA=AB=1$，求二面角 P-BD-A 的余弦值.

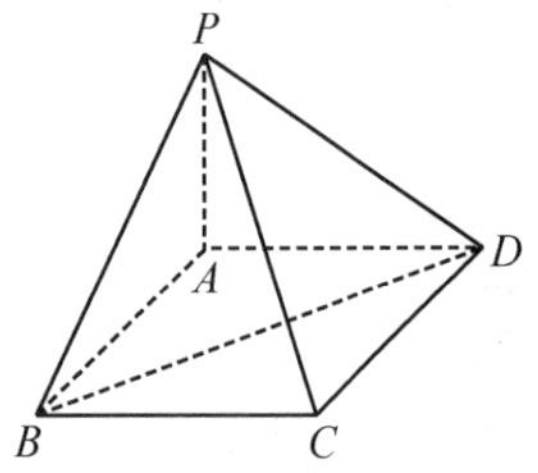

图 6-34

提高训练

10. 如图 6-35 所示，求正四面体侧面 ACD 与底面 BCD 所构成的二面角的余弦值.

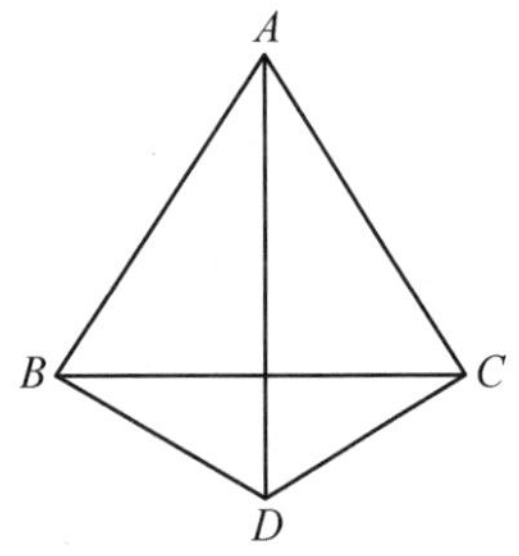

图 6-35

11. 如图 6-36 所示，$\triangle ABC$ 是腰长为 1 的等腰直角三角形，沿斜边 BC 上的高 AD 折成直二面角 $B-AD-C$，求此时两直角边 AB 与 AC 的夹角大小.

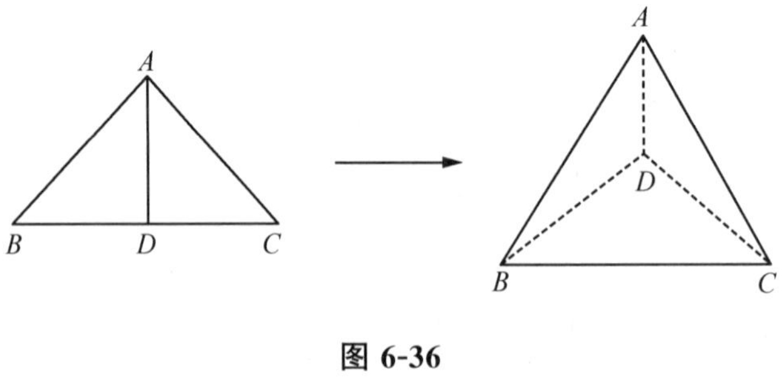

图 6-36

6.4.3 平面与平面垂直

知识要点

1. 平面与平面垂直的判定定理：如果一个平面经过了另外一个平面的**垂线**，那么这两个平面垂直.

2. 平面与平面垂直的性质定理：如果两个平面垂直，那么一个平面内垂直于**交线**的直线垂直于另外一个平面.

笔 记

典型例题

例 如图 6-37 所示，AB 是⊙O 的直径，$PA\perp$平面 ABC，C 是⊙O 上任一点，求证：平面 $PBC\perp$平面 PAC.

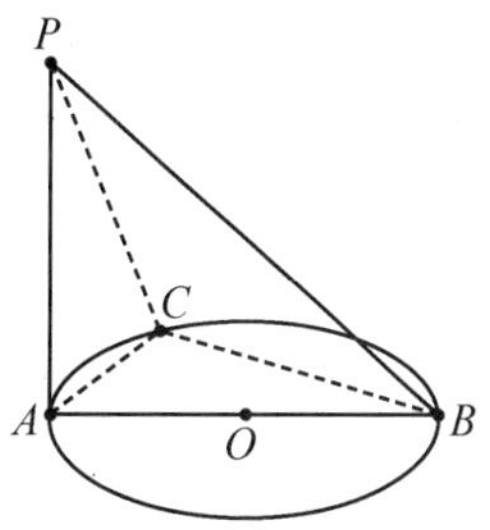

图 6-37

分析 要证平面 $PBC\perp$平面 PAC，根据平面与平面垂直的判定定理，只需要在平面 PBC 内找到一条直线垂直于平面 PAC 即可.

证明 因为 $PA\perp$平面 ABC，

所以 $PA\perp BC$.

因为 AB 是⊙O 的直径，

所以 $AC\perp BC$.

又因为 $PA\cap AC=A$，

所以由线面垂直判定定理得 $BC\perp$平面 PAC.

又因为 $BC\subset$平面 PBC，

所以由平面与平面垂直的判定定理得平面 $PBC\perp$平面 PAC.

基础训练

改错与反思

一、选择题

1. 如果两个平面和第三个平面都垂直，则这两个平面（ ）.

A. 相交但不垂直　　B. 垂直

C. 平行　　D. 以上都有可能

2. 直线 $a//$平面 α，平面 $\alpha\perp$平面 β，则直线 a 与平面 β 的关系为（ ）.

A. 平行　　B. 垂直　　C. $a\subset\beta$　　D. 以上都有

可能

3. 下列说法不正确的是(　　).

A. 若直线 $a\perp$平面 α，过直线 a 的所有平面与平面 α 垂直

B. 若直线 $a\perp$平面 α，过直线 a 有且只有一个平面与平面 α 垂直

C. 若直线 $a//$平面 α，过直线 a 有且只有一个平面与平面 α 垂直

D. 若直线 $a\subset$平面 α，过直线 a 有且只有一个平面与平面 α 垂直

4. 下列说法正确的是(　　).

A. 经过平面外一点有且只有一个平面与已知平面垂直

B. 经过平面斜线的任意平面与已知平面都不垂直

C. 若两平面垂直，则一个平面内的所有直线与另外平面必垂直

D. 若两平面垂直，过一个平面内任意点作交线的垂线与另外平面必垂直

二、填空题

5. 长方体 $ABCD\text{-}A_1B_1C_1D_1$ 中，平面 $ABCD$ 与平面 ABB_1A_1 所成二面角的大小为________.

6. 在长方体 $ABCD\text{-}A_1B_1C_1D_1$ 的六个面中，相互垂直的平面有________对.

7. 如图 6-38 所示，三棱锥 $P\text{-}ABC$，AB 是$\odot O$ 的直径，$PA\perp$平面 ABC，C 是$\odot O$ 上任一点，在三棱锥的四个面中，相互垂直的平面有________对.

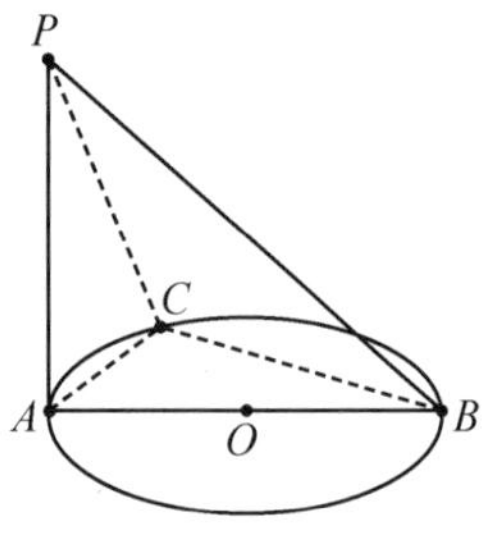

图 6-38

三、作图题

8. 画三个平面，使得三者之间两两相互垂直.

四、证明题

9. 如图 6-39 所示，点 P 是平面 α 外一点，A，B，C 在平面 α 内，直线 $PA\perp$平面 α，$PB\perp CB$，求证：平面 $PAB\perp$平面 PBC.

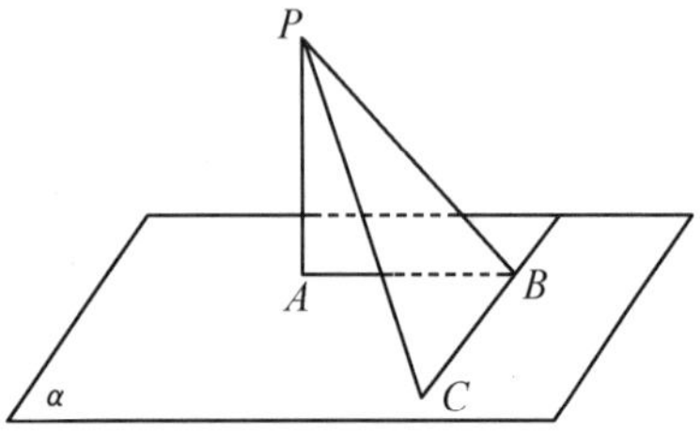

图 6-39

提高训练

10. 如图 6-40 所示，在正四棱锥 $P\text{-}ABCD$ 中，求证：平面 $PAC\perp$ 平面 PBD.

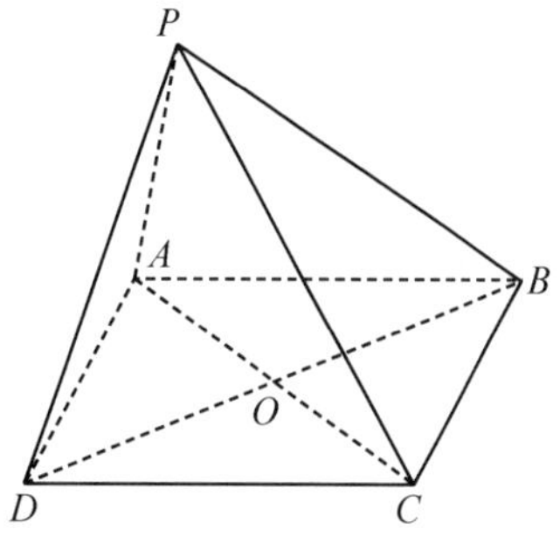

图 6-40

11. 如图 6-41 所示，$PA\perp$ 平面 ABC，平面 $PAC\perp$ 平面 PBC，求证：$BC\perp$ 平面 PAC.

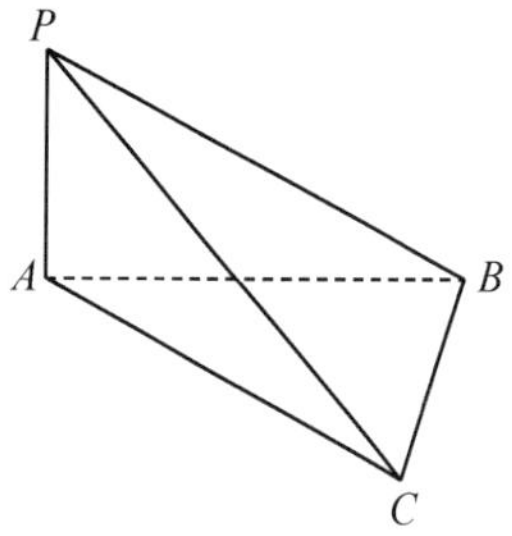

图 6-41

数学窗

计算几何研究的对象是几何图形. 早期人们对图像的研究一般都是先建立坐标系，把图形转换成函数，然后用插值和逼近的数学方法来进行分析，特别是用样条函数作为工具来分析图形，取得了可喜的成功. 计算机辅助设计即 CAD 工作中，计算机远远不只是一种高效的计算工具，它已成为人们进行创造性设计活动的得力助手甚至参谋. 计算几何作为 CAD 的基础理论之一，其主要研究内容是几何形体的数学描述和计算机表述，它同计算机辅助几何设计即 CAGD 有着十分密切的关系.

数学活动

玩转魔方

魔方，又叫鲁比克方块，最早是由匈牙利布达佩斯建筑学院的厄尔诺·鲁比克教授于 1974 年发明的机械益智玩具．魔方拥有竞速、盲拧、单拧等多种玩法，风靡程度经久未衰，每年都会举办大小赛事，是非常受欢迎的智力游戏之一．

通常意义下的魔方，是指狭义的三阶魔方．三阶魔方的形状通常是正方体，由有弹性的硬塑料制成．常规竞速玩法是将魔方打乱，然后在最短的时间内复原．广义的魔方，指各类可以通过转动打乱和复原的几何体．三阶魔方六个面贴纸的颜色通常为红、黄、蓝、绿、白、橙六种颜色．各个时期和地方的版本贴纸方法会有区别，但基本上是前红、后橙、上黄、下白、左蓝、右绿．三阶魔方，为 $3\times3\times3$ 的立方体结构，由 26 个色块组成．三阶魔方，通过旋转，总共有 43 252 003 274 489 856 000 $\approx 4.3\times10^{19}$ 种变化．三阶魔方由 1 个中心轴、6 个中心块、8 个角块、12 个棱块组成．

魔方

魔方主要分正阶魔方和异形魔方．正阶魔方包括二阶魔方、三阶魔方、四阶魔方等，截至 2017 年，魔方的最高阶为非官方的 33 阶．异形魔方相对原始魔方的变化较大，但是原理基本上相同．不少异形魔方都可以使用正阶魔方的复原方法或相似思路进行复原．异形魔方包括镜面魔方、金字塔魔方、五魔方、连体魔方、等齿轮魔方等．

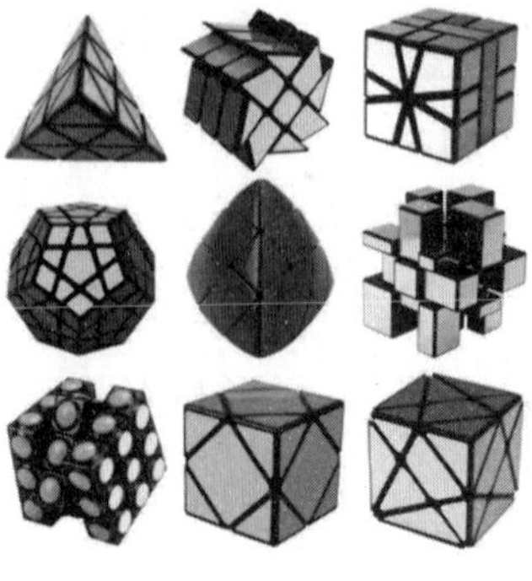

异形魔方

20.(6分)如图，已知正三棱柱ABC-$A_1B_1C_1$的底面边长为2，侧棱长为3，D是AC的中点，求：二面角A_1-BD-A的平面角的正切值.

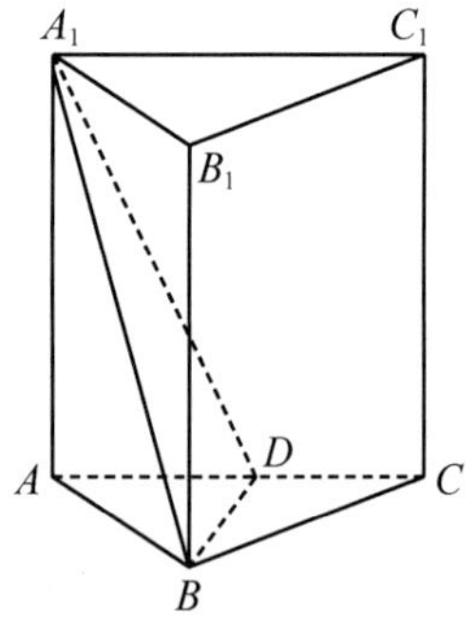

第20题图

21.(本小题8分，第(1)小问5分，第(2)小问3分)

已知等差数列$\{a_m\}$：5，8，11，…及等差数列$\{b_n\}$：3，7，11，…都有100项，求：

(1)它们有多少个相同的项，并求出第一项和最后一项的值；

(2)求所有相同项的和.

10. 渐近线方程为 $y=\frac{3}{5}x$ 的双曲线为(　　).

A. $\frac{x^2}{9}-\frac{y^2}{16}=1$　　B. $\frac{y^2}{9}-\frac{x^2}{16}=1$　　C. $\frac{x^2}{9}-\frac{y^2}{25}=1$　　D. $\frac{y^2}{9}-\frac{x^2}{25}=1$

11. 已知抛物线的方程为 $y=\frac{1}{2}x^2$，则其焦点坐标为(　　).

A. $\left(0, \frac{1}{8}\right)$　　B. $\left(\frac{1}{8}, 0\right)$　　C. $\left(0, \frac{1}{2}\right)$　　D. $\left(\frac{1}{2}, 0\right)$

12. 已知$\{a_n\}$是等比数列，其前 n 项和记作 S_n，若 $S_4=26S_2$，则公比 q 的值为(　　).

A. 4　　B. 5　　C. 4 或 -4 或 -1　　D. 5 或 -5 或 -1

13. 已知曲线的方程是 $x^2+\cos\theta y^2=1$，且 $\theta\in\left(\frac{7\pi}{2}, 4\pi\right)$，则该曲线是(　　).

A. 焦点在 x 轴上的椭圆　　B. 焦点在 y 轴上的椭圆

C. 焦点在 x 轴上的双曲线　　D. 焦点在 y 轴上的双曲线

二、填空题(每小题 4 分，共 20 分)

14. $\sin 155^\circ\cos 20^\circ-\cos 155^\circ\sin 20^\circ=$________.

15. 在等差数列$\{a_n\}$中，若 $a_2+a_6+a_{10}=24$，则 $S_{11}=$________.

16. 已知椭圆$\frac{x^2}{25}+\frac{y^2}{16}=1$ 上一点 P 到椭圆右焦点的距离为 3，则点 P 到左焦点的距离为________.

17. 正四面体中，侧棱与底面所成的角的余弦值为________.

18. 若 $\boldsymbol{a}$ 表示向东走 2 km，$\boldsymbol{b}$ 表示向南走 2 km，则$\frac{1}{2}(\boldsymbol{a}+\boldsymbol{b})$表示________.

三、解答题(共 4 小题，共 28 分)

19. (6 分)已知双曲线的顶点是椭圆$\frac{x^2}{9}+\frac{y^2}{5}=1$ 的焦点，双曲线的焦点是椭圆的顶点，求该双曲线的标准方程.

21.(8 分)在等差数列$\{a_n\}$中，已知$a_1+a_9=32$，$a_4=13$，求a_5，通项公式a_n，S_8.

22.(6 分)已知抛物线的顶点为坐标原点，焦点在y轴上，抛物线上一点$P(a，-3)$到焦点的距离为 5，求抛物线的标准方程.

B. 若 $|\boldsymbol{a}|>|\boldsymbol{b}|$，则 $\boldsymbol{a}>\boldsymbol{b}$

C. 零向量与任意向量都平行

D. 零向量没有方向

10. 双曲线的标准方程为 $\frac{x^2}{9}-\frac{y^2}{25}=1$，其渐近线方程为(　　).

A. $y=\pm\frac{3}{4}x$　　B. $y=\pm\frac{4}{3}x$　　C. $y=\pm\frac{5}{3}x$　　D. $y=\pm\frac{3}{5}x$

11. 设数列 $\{a_n+n\}$ 是等比数列，且 $a_1=3$，$a_2=6$，则 $a_8=$(　　).

A. 246　　B. 504　　C. 512　　D. 1 014

12. 三条直线两两平行，可确定的平面的个数是(　　).

A. 1 个　　B. 1 个或 2 个　　C. 1 个或 3 个　　D. 3 个

二、填空题(每小题 3 分，共 21 分)

13. 在 $\triangle ABC$ 中，“$A=B$”是“$\tan A=\tan B$”的________条件.

14. $\cos^2 15°+\sin^2 75°=$________.

15. 椭圆 $\frac{x^2}{25}+\frac{y^2}{16}=1$ 的焦距为________，离心率为________.

16. 已知向量 $\boldsymbol{a}=(1,1)$，$\boldsymbol{b}=(\lambda,2)$，$\boldsymbol{c}=(3,4)$. 若 $\boldsymbol{c}/\!/(\boldsymbol{a}+\boldsymbol{b})$，则 $\lambda=$________.

17. 不大于 100 的正整数中，被 3 除余 1 的所有数的和是________.

18. 已知锐角三角形 ABC 的面积为 $\frac{3}{2}$，且 $b=2$，$c=\sqrt{3}$，则 $\angle A$ 等于________.

19. 如图所示，AB 是 $\odot O$ 的直径，$PA\perp$ 平面 ABC，C 是 $\odot O$ 上任一点，则直角三角形的个数是________.

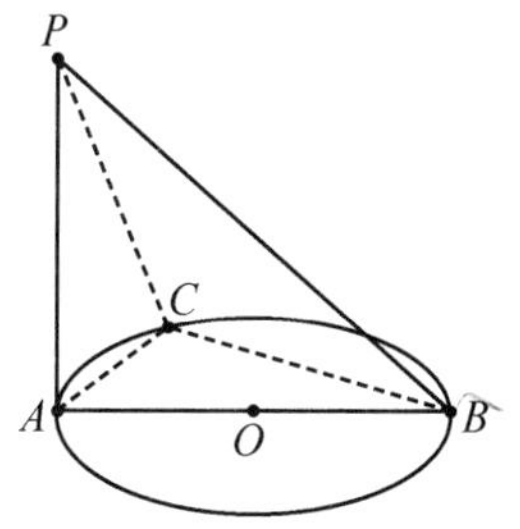

第 19 题图

三、解答题(共 5 小题，共 43 分)

20. (7 分)已知 $A(-2,1)$，$B(1,3)$，且 $\overrightarrow{AC}=2\overrightarrow{BC}$，求点 C 的坐标。

20.（6 分）已知 $\sin\alpha=\frac{2}{3}$，$\alpha\in\left(\frac{\pi}{2},\ \pi\right)$，且 $\cos\beta=-\frac{3}{5}$，$\beta\in\left(\pi,\ \frac{3\pi}{2}\right)$，求 $\sin(\alpha+\beta)$的值.

21.（本小题 8 分，第(1)(2)小问各 4 分）

在等差数列$\{a_n\}$中，S_n 为前 n 项和，$S_2=36$，$S_3=51$，求：

(1)此数列的通项公式；

(2)此数列前多少项和最大，并求出此最大值.

10. 若 $\sin x-\cos x=\frac{1}{3}$，则 $\sin 2x=$(　　).

A. $\frac{8}{9}$　　B. $-\frac{8}{9}$　　C. $\frac{2}{3}$　　D. $-\frac{2}{3}$

11. 函数 $y=\sqrt{3}\sin x-\cos x$ 的最大值和周期分别是(　　).

A. 2，2π　　B. $\sqrt{2}$，2π　　C. 2，π　　D. $\sqrt{2}$，π

12. 要得到函数 $y=3\sin\left(2x-\frac{\pi}{3}\right)$的图像只需将函数 $y=3\sin 2x$ 的图像(　　).

A. 向左平移$\frac{\pi}{3}$个单位　　B. 向右平移$\frac{\pi}{3}$个单位

C. 向左平移$\frac{\pi}{6}$个单位　　D. 向右平移$\frac{\pi}{6}$个单位

13. 在$\triangle ABC$ 中，已知 $a=6$，$b=5$，$c=8$，则这个三角形是(　　).

A. 锐角三角形　　B. 直角三角形

C. 钝角三角形　　D. 等边三角形

二、填空题(每小题 4 分，共 20 分)

14. 写出命题“如果 $a^2+b^2=0$，那么 $a=0$ 且 $b=0$”的逆否命题：________.

15. 写出数列$\frac{1}{3}$，$\frac{2}{5}$，$\frac{3}{7}$，$\frac{4}{9}$，…的一个通项公式：________.

16. 等差数列-10，-6，-2，2，…前________项的和是 54.

17. 求值：$\frac{1+\tan 75^\circ}{1-\tan 75^\circ}=$________.

18. 在$\triangle ABC$ 中，$b=12\sqrt{3}$，$A=\frac{\pi}{4}$，$B=\frac{2}{3}\pi$，则 $a=$________.

三、解答题(共 4 小题，共 28 分)

19.(6 分)已知等比数列$\{a_n\}$的各项都是正数，且 a_1，$\frac{1}{2}a_3$，a_2 成等差数列，求$\frac{a_2+a_4}{a_3+a_5}$的值.

21.(6 分)求值.

(1) $\sin\frac{7\pi}{12}$；

(2) $\tan 105°$.

22.(6 分)在△ABC 中，已知角 A，B，C 的对边分别是 a，b，c，且 $a=7$，$b=8$，$A=\frac{\pi}{3}$，求 $\sin B$ 和 c.

23.(6 分)一种变速自行车后齿轮组由 5 个齿轮组成，它们的齿数成等差数列，其中最小的和最大的齿轮的齿数分别为 12 和 28，求中间三个齿轮的齿数.

9. 正弦型函数 $y=2\sin\left(4x+\frac{\pi}{3}\right)$的最小正周期是(　　).

A. π　　B. 2π　　C. $\frac{\pi}{4}$　　D. $\frac{\pi}{2}$

10. 设等差数列$\{a_n\}$的前 n 项和为 S_n，若 $a_3+a_5=10$，$a_6=9$，则 $S_{12}=$(　　).

A. 110　　B. 120　　C. 130　　D. 140

11. 数列$-\frac{1}{2}$，$\frac{1}{4}$，$-\frac{1}{8}$，$\frac{1}{16}$，…的一个通项公式是(　　).

A. $\frac{(-1)^{n+1}}{2^n}$　　B. $\frac{(-1)^n}{2^n}$　　C. $\frac{\sin n\pi}{2^n}$　　D. $\frac{\cos(n-1)\pi}{2^n}$

12. 已知 $f(x)=\cos\left(x-\frac{\pi}{2}\right)$，$g(x)=1+\sin x$，则 $f(x)$的图像(　　).

A. 与 $g(x)$的图像相同　　B. 与 $g(x)$的图像关于 y 轴对称

C. 向上平移 1 个单位，得 $g(x)$的图像　　D. 向下平移 1 个单位，得 $g(x)$的图像

二、填空题(每小题 3 分，共 21 分)

13. $\sqrt{3}-1$ 与$\sqrt{3}+1$ 的等差中项为________，等比中项为________.

14. 在$\triangle ABC$ 中，“$A>B$”是“$a>b$”的________条件.

15. $\frac{1+\tan 15^\circ}{1-\tan 15^\circ}=$________.

16. 在平面直角坐标系中，将曲线 C：$y=\sin 2x$ 上每一点的横坐标变为原来的 2 倍，纵坐标保持不变，所得新的曲线的方程为________.

17. 已知等差数列$\{a_n\}$的前 n 项和为 S_n，且 $a_2=3$，$S_5=25$，则数列的公差 $d=$________.

18. 在$\triangle ABC$ 中，$A=60^\circ$，$AB=4$，$AC=2\sqrt{3}$，则$\triangle ABC$ 的面积等于________.

19. 函数 $y=\sqrt{3}\sin x-\cos x$ 的最小正周期是________.

三、解答题(共 6 小题，共 43 分)

20. (9 分)写出命题“若 $ab=0$，则 $a=0$ 且 $b=0$”的逆命题、否命题和逆否命题，并判断它们的真假.

第六单元测试卷(二)

班级________姓名________

(满分 100 分，40 分钟)

一、选择题(每小题 5 分，共 40 分)

1. 在空间中，没有公共点的两条直线(　　).

A. 不共面　　B. 互相平行　　C. 有可能共面　　D. 异面

2. 若一条直线和一个平面内的两条相交直线都垂直，则这条直线和这个平面的关系是(　　).

A. 平行　　B. 相交但不垂直

C. 垂直　　D. 直线在平面内

3. 两条不重合直线都垂直于一个平面，则这两条直线的位置关系是(　　).

A. 平行　　B. 异面　　C. 相交　　D. 以上都有可能

4. 设一条直线和一个平面所成的角为 θ，则(　　).

A. $0°<\theta<180°$　　B. $0°<\theta<90°$　　C. $0°<\theta\leqslant 90°$　　D. $0°\leqslant\theta\leqslant 90°$

5. 如果一个平面和两个平行平面都相交，则它们的交线(　　).

A. 相交　　B. 平行　　C. 异面　　D. 以上都有可能

6. 已知直线 a//平面 α，直线 $b\subset$平面 α，则直线 a 与直线 b 的关系一定是(　　).

A. 平行　　B. 异面　　C. 相交　　D. 无公共点

7. 线段 AB 的长为 2，它在平面 α 内的射影长为 1，则 AB 和 α 所成的角为(　　).

A. 30°　　B. 45°　　C. 60°　　D. 120°

8. 在正方体 $ABCD\text{-}A_1B_1C_1D_1$ 中异面直线 AD_1 与 CB_1 之间所成的角为(　　).

A. 30°　　B. 45°　　C. 60°　　D. 90°

二、填空题(每题 5 分，共 20 分)

9. 空间里两个平面将空间分成________个部分.

10. 二面角大小的范围是________.

11. 正方体 $ABCD\text{-}A_1B_1C_1D_1$ 中，棱长为 1，M，N 分别是 AB，BC 的中点，则直线 A_1B 与 MN 所成的角为________，直线 AC 和平面 DCC_1 所成角的度数为________.

12. 二面角内有一点到两个面的距离分别是 1 和$\sqrt{3}$，这点到棱的距离为 2，则该二面角的大小为________.

第六单元测试卷(一)

班级________ 姓名________

(满分 100 分，40 分钟)

一、选择题(每小题 5 分，共 40 分)

1. 下列图形中不一定是平面图形的是(　　).

A. 三角形　　B. 平行四边形

C. 四条线段首尾连接成的四边形　　D. 梯形

2. 两条异面直线是指(　　).

A. 空间中两条不相交的直线

B. 分别在两个平面内的直线

C. 不同在任何一个平面内的两条直线

D. 平面内的一条直线和平面外的一条直线

3. 空间里同垂直于一条直线的两条直线的位置关系是(　　).

A. 一定是异面直线　　B. 不可能平行

C. 不可能相交　　D. 异面、共面都有可能

4. 平面 α 与平面 β 平行，直线 $a\subset\alpha$，$b\subset\beta$，则 a 和 b 的位置关系是(　　).

A. 异面　　B. 相交　　C. 平行　　D. 无公共点

5. 如果直线 $a\perp b$，且 $a\perp$ 平面 α，则(　　).

A. $b/\!/$平面 α　　B. $b\subset\alpha$　　C. $b\perp$平面 α　　D. $b/\!/$平面 α 或 $b\subset\alpha$

6. 三条直线两两相交，可确定的平面的个数是(　　).

A. 1 个　　B. 1 个或 2 个　　C. 1 个或 3 个　　D. 3 个

7. 若$\triangle ABC$ 是正三角形，$PA\perp$平面 ABC，且 $AB=AP=2$，则点 P 到直线 BC 的距离为(　　).

A. $\sqrt{7}$　　B. $2\sqrt{7}$　　C. $2\sqrt{2}$　　D. $4\sqrt{2}$

8. 在正方体 $ABCD\text{-}A_1B_1C_1D$ 中，平面 A_1B_1CD 与平面 $ABCD$ 所成的二面角的度数是(　　).

A. 30°　　B. 45°　　C. 60°　　D. 90°

二、填空题(每小题 5 分，共 20 分)

9. 若直线 a 在平面 α 外，则该直线和平面 α 的位置关系可能是________.

10. 双曲线$\frac{x^2}{9}-\frac{y^2}{18}=1$的焦点坐标为________，实轴长为________，虚轴长为________.

11. 抛物线 $y^2+16x=0$ 的焦点坐标为________.

12. 设椭圆$\frac{x^2}{m}+\frac{y^2}{4}=1$经过点$(-2, \sqrt{3})$，则椭圆的焦距为________.

三、解答题(共 4 小题，共 40 分)

13. (10 分)已知椭圆的焦距为 6，椭圆上的点到两个焦点的距离和为 10，求椭圆的标准方程.

14. (10 分)求渐近线为 $y=\pm\frac{2}{3}x$，经过点 $M\left(\frac{9}{2}, -1\right)$的双曲线方程.

15. (10 分)已知抛物线的顶点为坐标原点，焦点在 x 轴上，抛物线上一点 $P(-3, a)$到焦点的距离为 6，求抛物线的标准方程.

16. (10 分)如图所示为抛物线形拱桥，水面位置距拱顶 2 m，水面宽 4 m，若水面下降 1 m，水面的宽是多少？

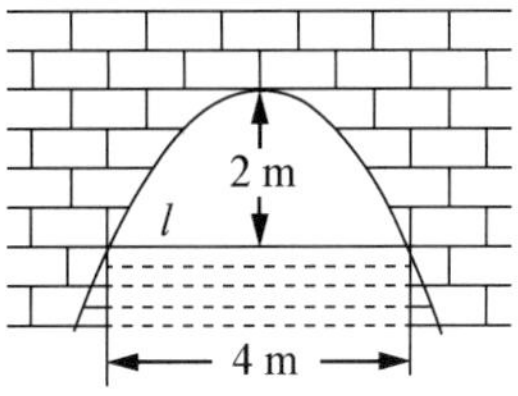

第 16 题图

第五单元测试卷(一)

班级________姓名________

(满分 100 分，45 分钟)

一、选择题(每小题 5 分，共 40 分)

1. 椭圆的焦点为 $F_1(0, -3)$、$F_2(0, 3)$，椭圆上的点到两个焦点的距离之和为 10，椭圆的标准方程为(　　).

A. $\frac{x^2}{25}+\frac{y^2}{9}=1$　　B. $\frac{x^2}{25}+\frac{y^2}{16}=1$　　C. $\frac{x^2}{16}+\frac{y^2}{25}=1$　　D. $\frac{x^2}{9}+\frac{y^2}{25}=1$

2. 下列椭圆的焦点在 y 轴上的是(　　).

A. $\frac{x^2}{15}+\frac{y^2}{6}=1$　　B. $x^2+\frac{y^2}{8}=1$　　C. $\frac{x^2}{32}+\frac{y^2}{16}=1$　　D. $\frac{x^2}{72}+\frac{y^2}{49}=1$

3. 椭圆 $x^2+8y^2=16$ 的长轴的顶点坐标是(　　).

A. $(-2, 0)$，$(2, 0)$　　B. $(-4, 0)$，$(4, 0)$

C. $(-\sqrt{2}, 0)$，$(\sqrt{2}, 0)$　　D. $(0, -4)$，$(0, 4)$

4. 平面内到两个定点 $F_1(-4, 0)$，$F_2(4, 0)$的距离差的绝对值等于 6 的点的轨迹是(　　).

A. 一条直线　　B. 圆　　C. 椭圆　　D. 双曲线

5. 双曲线的标准方程为$\frac{x^2}{144}-\frac{y^2}{25}=1$，该曲线的离心率是(　　).

A. $\frac{13}{12}$　　B. $\frac{12}{13}$　　C. $\frac{5}{13}$　　D. $\frac{5}{12}$

6. 双曲线的标准方程为$\frac{x^2}{25}-\frac{y^2}{9}=1$，其渐近线方程为(　　).

A. $y=\pm\frac{3}{4}x$　　B. $y=\pm\frac{4}{3}x$　　C. $y=\pm\frac{3}{5}x$　　D. $y=\pm\frac{5}{3}x$

7. 若抛物线 $x^2=-12y$，下列描述正确的是(　　).

A. 开口向下，焦点为$(0, -4)$　　B. 开口向下，焦点为$(0, -3)$

C. 开口向左，焦点为$(-4, 0)$　　D. 开口向左，焦点为$(-3, 0)$

8. 抛物线 $x^2=4y$ 上一点 M 到焦点的距离等于 3，则点 M 的横坐标是(　　).

A. 1　　B. 2　　C. 3　　D. 4

二、填空题(每小题 5 分，共 20 分)

9. 若平面向量 $\boldsymbol{a}$，$\boldsymbol{b}$ 满足 $|\boldsymbol{a}+\boldsymbol{b}|=1$，$\boldsymbol{a}+\boldsymbol{b}$ 平行于 x 轴，$\boldsymbol{b}=(2,-1)$，则 $\boldsymbol{a}=$________.

10. 已知 x 轴上 A，B 两点的坐标分别为$(x_1, 0)$和$(x_2, 0)$，若 $x_2=4$，且 $\overrightarrow{AB}$ 的坐标为$(-3, 0)$，则 $x_1=$________.

11. 已知船在静水中的速度大小为 5 m/s，且知船在静水中的速度大小大于水流的速度大小，河宽为 20 m，船垂直到达对岸用的时间为 5 s，则水流的速度大小为________ m/s.

12. 已知 $\boldsymbol{a}$，$\boldsymbol{b}$，$\boldsymbol{c}$ 满足 $\boldsymbol{a}+\boldsymbol{b}+\boldsymbol{c}=\boldsymbol{0}$，$(\boldsymbol{a}-\boldsymbol{b})\perp\boldsymbol{c}$，$\boldsymbol{a}\perp\boldsymbol{b}$，若 $|\boldsymbol{a}|=1$，则 $|\boldsymbol{a}|^2+|\boldsymbol{b}|^2+|\boldsymbol{c}|^2$ 的值是________.

三、解答题(共 4 小题，共 40 分)

13. (10 分)一条宽为$\sqrt{3}$ km 的河，水流速度为 2 km/h，在河两岸有两个码头 A，B，已知 $AB=\sqrt{3}$ km，船在水中的最大航速为 4 km/h，问该船从 A 码头到 B 码头怎样安排航行速度可使它最快到达 B 码头？用时多少？

14. (10 分)已知 $\boldsymbol{a}=3\boldsymbol{e}_1-2\boldsymbol{e}_2$，$\boldsymbol{b}=4\boldsymbol{e}_1+\boldsymbol{e}_2$，其中 $\boldsymbol{e}_1=(1, 0)$，$\boldsymbol{e}_2=(0, 1)$.

(1)求 $\boldsymbol{a}\cdot\boldsymbol{b}$，$|\boldsymbol{a}+\boldsymbol{b}|$；

(2)求 $\boldsymbol{a}$ 与 $\boldsymbol{b}$ 的夹角 θ 的余弦值.

15. (10 分)已知 $\boldsymbol{e}_1$，$\boldsymbol{e}_2$ 是平面内两个不共线的非零向量，$\overrightarrow{AB}=2\boldsymbol{e}_1+\boldsymbol{e}_2$，$\overrightarrow{BE}=-\boldsymbol{e}_1+\lambda\boldsymbol{e}_2$，$\overrightarrow{EC}=-2\boldsymbol{e}_1+\boldsymbol{e}_2$，且 A，E，C 三点共线.

(1)求实数 λ 的值；若 $\boldsymbol{e}_1=(2, 1)$，$\boldsymbol{e}_2=(2, -2)$，求 $\overrightarrow{BC}$ 的坐标；

(2)已知点 $D(3, 5)$，在(1)的条件下，若 A，B，C，D 四点构成平行四边形，求点 A 的坐标.

16. (10 分)如图，在平行四边形 $ABCD$ 中，E，F 是对角线 AC 上的两点，且 $AE=CF$，用向量的方法证明：四边形 $DEBF$ 是平行四边形.

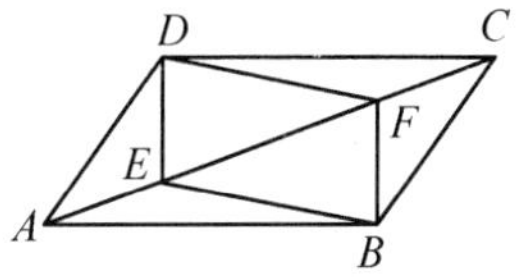

第 16 题图

第四单元测试卷(一)

班级________姓名________

(满分 100 分，45 分钟)

一、选择题(每小题 5 分，共 40 分)

1. 如图，网格纸上小正方形的边长为 1，D，E 分别是$\triangle ABC$ 的边 AB，AC 的中点，则(　　).

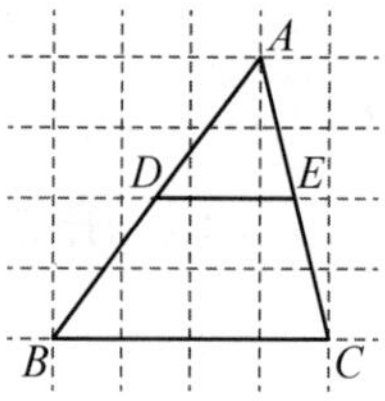

第 1 题图

A. $|\overrightarrow{AB}|=5$ 且 $|\overrightarrow{BC}|=2.5|\overrightarrow{DE}|$

B. $|\overrightarrow{AB}|=5$ 且 $|\overrightarrow{BC}|=2|\overrightarrow{DE}|$

C. $|\overrightarrow{AB}|=6$ 且 $|\overrightarrow{BC}|=2|\overrightarrow{DE}|$

D. $|\overrightarrow{AB}|=6$ 且 $|\overrightarrow{BC}|=3|\overrightarrow{DE}|$

2. 已知线段上 A，B，C 三点满足 $\overrightarrow{BC}=2\overrightarrow{AB}$，则这三点在线段上的位置关系是(　　).

A. 

B. 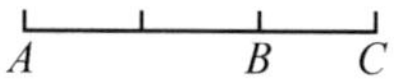

C. 

D. 

3. 已知 $\overrightarrow{AB}=(2,4)$，$\overrightarrow{AC}=(1,3)$，则 $|\overrightarrow{BC}|=$(　　).

A. 1　　B. 2　　C. $\sqrt{2}$　　D. $2\sqrt{2}$

4. 已知平面内 M，N，P 三点满足 $\overrightarrow{MN}-\overrightarrow{PN}+\overrightarrow{PM}=\mathbf{0}$，则下列说法正确的是(　　).

A. M，N，P 是一个三角形的三个顶点

B. M，N，P 是一条直线上的三个点

C. M，N，P 是平面内的任意三个点

D. 以上都不对

5. 已知 $|\boldsymbol{a}|=1$，$|\boldsymbol{b}|=6$，$\boldsymbol{a}\cdot(\boldsymbol{b}-\boldsymbol{a})=2$，则向量 $\boldsymbol{a}$ 与向量 $\boldsymbol{b}$ 的夹角是(　　).

A. $\frac{\pi}{6}$　　B. $\frac{\pi}{4}$　　C. $\frac{\pi}{3}$　　D. $\frac{\pi}{2}$

6. 设 x，$y\in\mathbf{R}$，向量 $\boldsymbol{a}=(x,2)$，$\boldsymbol{b}=(3,y)$，$\boldsymbol{c}=(1,-1)$，且 $\boldsymbol{a}\perp\boldsymbol{c}$，$\boldsymbol{b}/\!/\boldsymbol{c}$，则 $|\boldsymbol{a}+2\boldsymbol{b}|=$(　　).

A. $3\sqrt{2}$　　B. 4　　C. 80　　D. $4\sqrt{5}$

7. 下列各命题中，正确的是(　　).

A. 若 $|\boldsymbol{a}|=|\boldsymbol{b}|$，则 $\boldsymbol{a}=\boldsymbol{b}$ 或 $\boldsymbol{a}=-\boldsymbol{b}$

B. 若 $\boldsymbol{a}/\!/\boldsymbol{b}$，$\boldsymbol{b}/\!/\boldsymbol{c}$，则 $\boldsymbol{a}/\!/\boldsymbol{c}$

C. 长度不相等而方向相反的两个向量一定是平行向量

11. 已知数列$\{a_n\}$中，$a_1=1$，且$a_{n+1}=a_n+\dfrac{1}{a_n}$，那么$a_3=$________.

12. 等差数列$\{a_n\}$的前 10 项和$S_{10}=30$，前 20 项和$S_{20}=100$，则$S_{30}=$________.

三、解答题(共 4 小题，共 40 分)

13.(10 分)$\{a_n\}$为等差数列，$a_5=15$，$a_{20}=60$，求数列的通项公式a_n以及前n项和S_n.

14.(10 分)在 3 和 48 之间插入 3 个数，使得这 5 个数成等比数列，求插入的这 3 个数.

15.(10 分)$\{a_n\}$为等差数列，前 3 项和为 15，前 3 项积为 105，求前 3 项.

16.(10 分)有 4 个数，前 3 个数成等比数列且和为 19，后 3 个数为等差数列且和为 12，求这 4 个数.

第三单元测试卷(一)

班级________ 姓名________

(满分 100 分，45 分钟)

一、选择题(每小题 5 分，共 40 分)

1. 数列 3，4，5，6，7，…中，21 是该数列的(　　).

A. 第 18 项　　B. 第 19 项　　C. 第 20 项　　D. 第 21 项

2. 数列$\{a_n\}$的通项公式为$a_n=2^n$，则a_n的前 3 项是(　　).

A. 1，2，3　　B. 1，2，4　　C. 2，4，6　　D. 2，4，8

3. 等差数列$\{a_n\}$中，$a_1=4$，$d=-2$，则$s_3=$(　　).

A. -6　　B. 6　　C. 8　　D. -8

4. 等比数列$\{a_n\}$中，$a_1=4$，$q=-2$，则$a_3=$(　　).

A. -8　　B. 0　　C. -16　　D. 16

5. 在等差数列$\{a_n\}$中，数列a_{100}，a_{200}，a_{300}，…成(　　).

A. 等差数列　　B. 等比数列　　C. 非等差数列　　D. 常数列

6. 在等比数列$\{a_n\}$中，若$a_3\cdot a_5=5$，则$a_1\cdot a_3\cdot a_5\cdot a_7=$(　　).

A. 5　　B. 10　　C. 15　　D. 25

7. 设S_n是等差数列$\{a_n\}$的前n项和，若$\frac{a_5}{a_3}=\frac{5}{9}$，则$\frac{S_9}{S_5}=$(　　).

A. 1　　B. -1　　C. 2　　D. $\frac{5}{9}$

8. 某工厂去年产值为a，计划在 5 年内每年比上一年产值增长 10%，从今年起 5 年内这个工厂的总产值为(　　).

A. 1.1^4a　　B. 1.1^5a　　C. $11(1.1^6-1)a$　　D. $11(1.1^5-1)a$

二、填空题(每小题 5 分，共 20 分)

9. $\sqrt{2}-1$与$\sqrt{2}+1$的等差中项为________，等比中项为________.

10. 数列-1，3，-5，7，-9，11，…的一个通项公式为$a_n=$________.

11. 数列$\{a_n\}$的前n项和$S_n=3n^2-5n$，则a_6的值为________.

8. 函数 $f(x)=\sin 2x+2\cos^2 x-2$ 的最小正周期和值域分别是(　　).

A. 2π，$[-1, 1]$　　　　B. 2π，$[-\sqrt{2}-1, \sqrt{2}-1]$

C. π，$[-1, 1]$　　　　D. π，$[-\sqrt{2}-1, \sqrt{2}-1]$

二、填空题(每小题 5 分，共 20 分)

9. $\sin 15°=$________________.

10. $2\sin\frac{\pi}{8}\cos\frac{\pi}{8}=$________________.

11. $\cos^2 15°=$________________.

12. 函数 $y=4\sin\left(2x+\frac{\pi}{3}\right)$ 的值域为__________，最小正周期为__________.

三、解答题(共 4 小题，共 40 分)

13. (10 分)已知 $\sin\alpha=\frac{12}{13}$，$\cos\beta=-\frac{4}{5}$，且 $\alpha\in\left(\frac{\pi}{2}, \pi\right)$，$\beta\in\left(\pi, \frac{3\pi}{2}\right)$，求 $\tan(\alpha+\beta)$ 的值.

14. (10 分)已知函数 $f(x)=2\sqrt{3}\sin x\cos x+2\cos^2 x-1$. 求：

(1)函数 $f(x)$ 的最小正周期；

(2)函数 $f(x)$ 的单调减区间.

15. (10 分)函数 $y=\sin x\cos x+\sqrt{3}\cos x\cos(\pi+x)$.

(1)求此函数的最小正周期.

(2)当 x 取何值时，y 有最大值？最大值为多少？

16. (10 分)在$\triangle ABC$ 中，已知 $\cos A=\frac{2\sqrt{2}}{3}$，$\cos B=\frac{\sqrt{6}}{3}$.

(1)求 $\sin C$ 的值；

(2)若 $BC=\sqrt{2}$，求$\triangle ABC$ 的面积.

第二单元测试卷(一)

班级________姓名________

(满分 100 分，45 分钟)

一、选择题(每小题 5 分，共 40 分)

1. $\cos 15°=$(　　).

A. $\frac{\sqrt{6}+\sqrt{2}}{4}$　　B. $-\frac{\sqrt{6}-\sqrt{2}}{4}$　　C. $\frac{\sqrt{6}-\sqrt{2}}{4}$　　D. $-\frac{\sqrt{6}+\sqrt{2}}{4}$

2. 计算：$\sin 70°\cos 10°-\cos 70°\sin 10°$等于(　　).

A. $\frac{1}{2}$　　B. $-\frac{1}{2}$　　C. $\frac{\sqrt{3}}{2}$　　D. $-\frac{\sqrt{3}}{2}$

3. 已知 $\cos 2\alpha=\frac{1}{3}$，则 $\cos^2\alpha$ 等于(　　).

A. $\frac{5}{6}$　　B. $\frac{1}{3}$　　C. $\frac{2}{3}$　　D. 1

4. 已知 $\tan x=-2$，则$\frac{\cos 2x}{1+\sin 2x}$的值为(　　).

A. -1　　B. -2　　C. -3　　D. -4

5. 在$\triangle ABC$ 中 $A=60°$，$b=3$，$c=8$，则 a 的值为(　　).

A. 5　　B. 6　　C. 7　　D. 8

6. 正弦型函数 $y=3\sin\left(3x-\frac{\pi}{3}\right)$的最小正周期是(　　).

A. π　　B. 2π　　C. $\frac{\pi}{3}$　　D. $\frac{2\pi}{3}$

7. 在$\triangle ABC$ 中，已知 $C=60°$，$a=6$，$b=8$，则$\triangle ABC$ 的面积是(　　).

A. $48\sqrt{3}$　　B. $24\sqrt{3}$　　C. 24　　D. $12\sqrt{3}$

8. 在$\triangle ABC$ 中，若 $a^2+b^2-c^2<0$，则$\triangle ABC$ 的形状为(　　).

A. 锐角三角形　　B. 钝角三角形　　C. 直角三角形　　D. 无法判断

二、填空题(每小题 5 分，共 20 分)

9. $\frac{1-\tan 15°}{1+\tan 15°}=$________.

10. $\sin 15°\cos 15°=$________.

8. 在$\triangle ABC$中，“$A=30°$”是“$\sin A=\frac{1}{2}$”的________条件.

9. p：9是143的约数，q：9是225的约数，“p且q”组成的新命题是________________，该新命题是________命题；“p或q”组成的新命题是________________，该新命题是________命题.

10. 下列命题中，是真命题的是________.（写出所有正确命题的序号）

①$\{1, 2\}$所有的子集是$\{1\}$，$\{2\}$，$\{1, 2\}$；

②如果$x\in A\cap B$，则$x\in A$；

③如果$\alpha+\beta=180°$，那么$\cos\alpha=\cos\beta$；

④x，y，$z\in\mathbf{R}$，$x=0$，且$y=0$，且$z=0$是$x^2+y^2+z^2=0$的充要条件；

⑤任意的$x\in\mathbf{R}$，$(x+1)^2\geqslant 0$.

三、解答题(共4小题，共42分)

11.(9分)举出反例，说明下列命题是假命题.

(1)对于任意的实数a，函数$y=a^x$都是单调函数；

(2)对于任意的实数x，$x^2+2x+1>0$；

(3)如果角A是第一象限的角，则A是锐角.

12.(9分)判断p是q的什么条件.

(1)p：A是空集，q：$A\cup B=B$；

(2)p：$x\in A$，q：$x\in A\cap B$；

(3)p：$A\cap B=B$，q：$A\supseteq B$.

13.(12分)写出命题“全等三角形一定相似”的原命题、逆命题、否命题和逆否命题，并判断它们的真假.

14.(12分)已知集合$A=\{x \mid a-2<x<a+2\}$，$B=\{x \mid x\leqslant -2$或$x\geqslant 4\}$，求$A\cap B=\varnothing$的充要条件.

第一单元测试卷(一)

班级________姓名________

(满分 100 分，45 分钟)

一、选择题(每小题 5 分，共 30 分)

1. 下列语句是命题的是(　　).

A. $x+2=1$

B. 新冠肺炎是如何传染的?

C. 968 能被 11 整除

D. 这是一棵大树

2. 下列命题是真命题的是(　　).

A. $2>7$

B. 直角三角形斜边上的中线等于斜边的一半

C. 无理数是 π

D. 对角线互相垂直的四边形是菱形

3. 已知 p：$3+6=9$，q：$3+6=7$，由它们构成的新命题“p 或 q”“p 且 q”“非 p”“非 q”中，真命题有(　　).

A. 0 个　　B. 1 个　　C. 2 个　　D. 3 个

4. “$a=1$”是“$a^2-3a+2=0$”的(　　).

A. 充分不必要条件　　B. 必要不充分条件

C. 充要条件　　D. 既不充分也不必要条件

5. 在$\triangle ABC$ 中，角 A，B，C 所对应的边分别为 a，b，c，则“$a\leqslant b$”是“$A\leqslant B$”的(　　).

A. 充分必要条件　　B. 充分非必要条件

C. 必要非充分条件　　D. 非充分非必要条件

6. 已知 a，b，c 是实数，“$|a|>|b|$”是“$a>b$”的(　　).

A. 充分必要条件　　B. 充分非必要条件

C. 必要非充分条件　　D. 非充分非必要条件

二、填空题(每个空 4 分，共 28 分)

7. “四边形是平行四边形”的一个充要条件是________________________.

8. 在$\triangle ABC$中，“$A=B$”是“$a=b$”的________条件.

9. p：π是无理数，q：$\sqrt{2}$是有理数，“p 且 q”组成的新命题是____________________，该新命题是________命题；“p 或 q”组成的新命题是____________________，该新命题是________命题.

10. 下列命题中，是真命题的是________.（写出所有真命题的序号）

①存在实数a，使得$a^2+2a+1<0$；

②45 能被 5 或 7 整除；

③正方形是一种特殊的菱形；

④$5\geqslant 5$；

⑤$a>0$是$a^2>0$的充要条件.

三、解答题(共 4 小题，共 42 分)

11.(9 分)举出反例，说明下列命题是假命题.

(1)如果$x<6$，则$x<3$；

(2)任意的实数x，$x^2>0$；

(3)对角线互相垂直的四边形是菱形.

12.(9 分)判断p是q的什么条件.

(1)p：$a>b$，q：$a+c>b+c$；(2)p：$a^2=b^2$，q：$a=b$；

(3)p：$a\neq 0$，q：关于x的方程$ax=2$有唯一解.

13.(12 分)写出命题“若$\sqrt{x}+y^2=0$，则$x=0$且$y=0$”的逆命题、否命题和逆否命题，并判断它们的真假.

14.(12 分)p：$|x-2|<1$，q：$x^2+2x-3>0$，判断p是q的什么条件，写出判断的过程.

第一单元测试卷(二)

班级________姓名________

(满分 100 分，45 分钟)

一、选择题(每小题 5 分，共 30 分)

1. 下列语句不是命题的是(　　).

A. 奇函数图像关于 y 轴对称

B. $2^{1\,000}$ 是个大数

C. 方程 $x^2+1=0$ 在实数范围内有解

D. 若 $x^2-16>0$，则 $x>0$

2. 下列命题是假命题的是(　　).

A. 存在一个函数，既是偶函数又是奇函数

B. 在平面直角坐标系中，任意有序实数对都对应一点

C. $\varnothing=\{0\}$

D. $a\in\{a, b, c, d\}$

3. 已知 p：$y=2^x$ 是增函数，q：$y=3^x$ 是增函数，由它们构成的新命题“p 或 q”“p 且 q”“非 p”“非 q”中，真命题有(　　).

A. 0 个　　B. 1 个　　C. 2 个　　D. 3 个

4. 设 $a\in\mathbf{R}$，则“$a>1$”是“$a^2>a$”的(　　).

A. 充分不必要条件　　B. 必要不充分条件

C. 充要条件　　D. 既不充分也不必要条件

5. 在△ABC 中，角 A，B，C 所对应的边分别为 a，b，c，则“$a\leqslant b$”是“$\sin A\leqslant\sin B$”的(　　).

A. 充分必要条件　　B. 充分非必要条件

C. 必要非充分条件　　D. 非充分非必要条件

6. “$\ln(x+1)<0$”是“$-1<x<0$”的(　　).

A. 充分不必要条件　　B. 必要不充分条件

C. 充要条件　　D. 既不充分也不必要条件

二、填空题(每个空 4 分，共 28 分)

7. △ABC 是直角三角形的充要条件是________________.

11. $1-2\sin^2 15°=$________.

12. 函数 $y=5\sin 2x+12\cos 2x$ 的最大值为________，最小正周期为________.

三、解答题(共 4 小题，共 40 分)

13. (10 分)已知 $\cos\alpha=\frac{4}{5}$，且 α 为第一象限角，求 $\sin 2\alpha$，$\cos 2\alpha$，$\tan 2\alpha$.

14. (10 分)已知 $\sin\alpha=\frac{12}{13}$，且 $\alpha\in\left(\frac{\pi}{2},\ \pi\right)$，求 $\cos\left(\frac{\pi}{3}-\alpha\right)$的值.

15. (10 分)在$\triangle ABC$ 中，已知 $\cos A=\frac{3}{5}$，$\cos B=-\frac{5}{13}$，求 $\sin C$ 的值.

16. (10 分)在$\triangle ABC$ 中，已知 $\cos A=\frac{1}{2}$，$AB=3$，$AC=2$. 求：

(1) $\sin A$ 的值；

(2)边 BC 的长.

第二单元测试卷(二)

班级________姓名________

(满分 100 分，45 分钟)

一、选择题(每小题 5 分，共 40 分)

1. 计算：$\cos 105°\cos 15°-\sin 105°\sin 15°$等于(　　).

A. $\frac{1}{2}$　　B. $-\frac{1}{2}$　　C. $\frac{\sqrt{3}}{2}$　　D. $-\frac{\sqrt{3}}{2}$

2. 计算：$\frac{1+\tan 15°}{1-\tan 15°}$等于(　　).

A. 0　　B. $\sqrt{3}$　　C. $\frac{\sqrt{3}}{3}$　　D. $-\sqrt{3}$

3. 已知 $\sin\alpha=\frac{1}{3}$，则 $\cos 2\alpha$ 等于(　　).

A. $\frac{7}{9}$　　B. $-\frac{7}{9}$　　C. $\frac{4\sqrt{2}}{9}$　　D. $-\frac{4\sqrt{2}}{9}$

4. 函数 $y=\sin\left(2x+\frac{\pi}{4}\right)$的图像是由函数 $y=\sin 2x$ 的图像(　　)得到的.

A. 向左平移$\frac{\pi}{4}$个单位　　B. 向右平移$\frac{\pi}{4}$个单位

C. 向左平移$\frac{\pi}{8}$个单位　　D. 向右平移$\frac{\pi}{8}$个单位

5. 在$\triangle ABC$ 中，$A=75°$，$B=45°$，则$\frac{AB}{BC}=$(　　).

A. $\sqrt{6}-\sqrt{3}$　　B. $\frac{3\sqrt{2}-\sqrt{6}}{2}$　　C. $\frac{\sqrt{6}+\sqrt{3}}{3}$　　D. $\frac{3\sqrt{2}+\sqrt{6}}{6}$

6. 在$\triangle ABC$ 中，已知 $a=2\sqrt{3}$，$b=2$，$c=4$，则 A 的度数是(　　).

A. 30°　　B. 45°　　C. 60°　　D. 120°

7. 求值：$\left(\cos\frac{\pi}{12}-\sin\frac{\pi}{12}\right)^2$ 等于(　　).

A. $\frac{1}{2}$　　B. $\frac{\sqrt{2}}{2}$　　C. $\frac{\sqrt{3}}{2}$　　D. 1

12. 等比数列$\{a_n\}$中，$a_1+a_2=30$，$a_3+a_4=60$，则$a_7+a_8=$________.

三、解答题(共4小题，共40分)

13.(10分)-401是不是等差数列-5，-9，-13，…的项？如果是，是第几项？

14.(10分)$\{a_n\}$为等比数列，$a_3=5$，$a_6=135$，求数列的通项公式a_n以及前n项和S_n.

15.(10分)在-7和13之间插入3个数，使得这5个数成等差数列，求插入的这3个数.

16.(10分)数列$\{a_n\}$的前n项的和$S_n=3n^2+n+1$，求数列的通项公式a_n.

第三单元测试卷(二)

班级________姓名________

(满分 100 分，40 分钟)

一、选择题(每小题 5 分，共 40 分)

1. 已知数列$\sqrt{3}$，$\sqrt{6}$，3，$2\sqrt{3}$，…，那么 6 是这个数列的第(　　)项.

A. 13　　B. 12　　C. 11　　D. 10

2. 等差数列$\{a_n\}$中，$a_7+a_9=16$，$a_4=1$，则$a_{12}=$(　　).

A. 15　　B. 30　　C. 31　　D. 64

3. 等比数列$\{a_n\}$中，$a_1=4$，$q=1$，则$s_3=$(　　).

A. 0　　B. 没意义　　C. 12　　D. 16

4. 等差数列$\{a_n\}$中，$s_{15}=90$，则$a_8=$(　　).

A. 6　　B. 4　　C. 3　　D. 12

5. 在等比数列中，首项为$\frac{9}{8}$，末项为$\frac{1}{3}$，公比为$\frac{2}{3}$，求项数$n=$(　　).

A. 3　　B. 4　　C. 5　　D. 6

6. 等比数列$\{a_n\}$中，若$a_5\cdot a_6=9$，则$\log_3 a_1+\log_3 a_2+\log_3 a_3+\cdots\cdots+\log_3 a_{10}=$(　　).

A. 12　　B. 10　　C. 8　　D. 6

7. 数列$\{a_n\}$的通项公式为$a_n=\frac{1}{\sqrt{n}+\sqrt{n+1}}(n\in\mathbf{N}^*)$，若数列的前$n$项和为 10，则$n$为(　　).

A. 11　　B. 121　　C. 120　　D. 119

8. 数列$\{a_n\}$的通项公式$a_n=-3n+50$，则当前n项和S_n最大时，n的值是(　　).

A. 15　　B. 16　　C. 17　　D. 18

二、填空题(每小题 5 分，共 20 分)

9. 在$\triangle ABC$中，若$a<b<c$，且三内角的大小成等差数列，则$B=$________.

10. 已知数列的通项公式$a_n=n(n-1)$，那么 420 是这个数列的第________项.

D. 若 $|\boldsymbol{a}|>|\boldsymbol{b}|$，则 $\boldsymbol{a}>\boldsymbol{b}$

8. 已知向量 $\boldsymbol{a}$，$\boldsymbol{b}$ 均为单位向量，它们的夹角为 $\frac{2\pi}{3}$，则 $|\boldsymbol{a}+\boldsymbol{b}|=$(　　).

A. 1　　B. $\sqrt{2}$　　C. $\sqrt{3}$　　D. 2

二、填空题(每小题 5 分，共 20 分)

9. 已知向量 $\boldsymbol{a}$，$\boldsymbol{b}$ 是两个不共线的向量，且向量 $m\boldsymbol{a}-3\boldsymbol{b}$ 与 $\boldsymbol{a}+(2-m)\boldsymbol{b}$ 共线，则实数 m 的值为________.

10. 设向量 $\boldsymbol{a}=(1,\ 2)$，$\boldsymbol{b}=(-3,\ 5)$，$\boldsymbol{c}=(4,\ x)$，若 $\boldsymbol{a}+\boldsymbol{b}=\lambda\boldsymbol{c}(\lambda\in\mathbf{R})$，则 $\lambda+x=$________.

11. 已知向量 $\boldsymbol{a}=(-1,\ 2)$，$\boldsymbol{b}=(m,\ 1)$，若向量 $\boldsymbol{a}+\boldsymbol{b}$ 与 $\boldsymbol{a}$ 垂直，则 $m=$________.

12. 已知向量 $\boldsymbol{a}=(1,\ 2)$，$\boldsymbol{b}=(2,\ \lambda)$，$\boldsymbol{c}=(2,\ 1)$. 若 $\boldsymbol{c}/\!/(2\boldsymbol{a}+\boldsymbol{b})$，则 $\lambda=$________.

三、解答题(共 4 小题，共 40 分)

13. (10 分)在△ABC 中，$\angle BAC=120°$，$AB=2$，$AC=1$，D 是边 BC 上一点，$DC=2BD$，设 $\overrightarrow{AB}=\boldsymbol{a}$，$\overrightarrow{AC}=\boldsymbol{b}$.

(1)试用 $\boldsymbol{a}$，$\boldsymbol{b}$ 表示 $\overrightarrow{AD}$；

(2)求 $\overrightarrow{AD}\cdot\overrightarrow{BC}$ 的值.

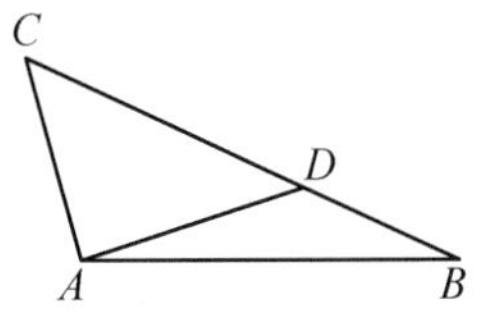

第 13 题图

14. (10 分)在水流速度为 $4\sqrt{3}$ km/h 的河水中，一艘船以 12 km/h 的实际航行速度垂直于对岸行驶. 求这艘船的航行速度的大小与方向.

15. (10 分)已知三点 $A(-2,\ 4)$，$B(3,\ -1)$，$C(-3,\ -4)$. 设 $\overrightarrow{AB}=\boldsymbol{a}$，$\overrightarrow{BC}=\boldsymbol{b}$，$\overrightarrow{CA}=\boldsymbol{c}$，且 $\overrightarrow{CM}=3\boldsymbol{c}$，$\overrightarrow{CN}=-2\boldsymbol{b}$.

(1)求 $3\boldsymbol{a}+\boldsymbol{b}-3\boldsymbol{c}$；

(2)求满足 $\boldsymbol{a}=m\boldsymbol{b}+n\boldsymbol{c}$ 的实数 m，n；

(3)求点 M，N 的坐标及 $\overrightarrow{MN}$ 的坐标.

16. (10 分)已知 $\boldsymbol{a}=(1,\ 0)$，$\boldsymbol{b}=(2,\ 1)$.

(1)当 k 为何值时，$k\boldsymbol{a}-\boldsymbol{b}$ 与 $\boldsymbol{a}+2\boldsymbol{b}$ 共线.

(2)若 $\overrightarrow{AB}=2\boldsymbol{a}+3\boldsymbol{b}$，$\overrightarrow{BC}=\boldsymbol{a}+m\boldsymbol{b}$，且 A，B，C 三点共线，求 m 的值.

第四单元测试卷(二)

班级________姓名________

(满分 100 分，45 分钟)

一、选择题(每小题 5 分，共 40 分)

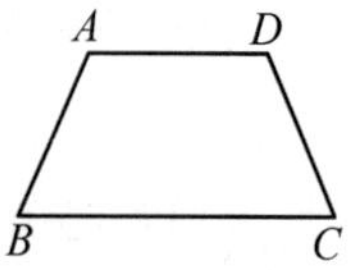

第 1 题图

1. 如图，在等腰梯形 $ABCD$ 中：①$\overrightarrow{AB}$ 与 $\overrightarrow{CD}$ 是共线向量；②$\overrightarrow{AB}=\overrightarrow{CD}$；③$\overrightarrow{AB}>\overrightarrow{CD}$. 以上结论中正确的个数为(　　).

A. 0　　B. 1　　C. 2　　D. 3

2. 已知 $\overrightarrow{AB}=\boldsymbol{a}+5\boldsymbol{b}$，$\overrightarrow{BC}=-2\boldsymbol{a}+8\boldsymbol{b}$，$\overrightarrow{CD}=3\boldsymbol{a}-3\boldsymbol{b}$，则(　　).

A. A，B，D 三点共线　　B. A，B，C 三点共线

C. B，C，D 三点共线　　D. A，C，D 三点共线

3. P 为四边形 $ABCD$ 所在平面上一点，$\overrightarrow{PA}+\overrightarrow{PB}+\overrightarrow{PC}+\overrightarrow{PD}=\overrightarrow{AB}+\overrightarrow{CD}$，则 P 为(　　).

A. 四边形 $ABCD$ 的对角线交点　　B. AC 的中点

C. BD 的中点　　D. CD 边上一点

4. 设 $\boldsymbol{a}=\left(\frac{1}{3},\ \tan\alpha\right)$，$\boldsymbol{b}=\left(\cos\alpha,\ \frac{3}{2}\right)$，且 $\boldsymbol{a}/\!/\boldsymbol{b}$，则锐角 α 的值为(　　).

A. $\frac{\pi}{12}$　　B. $\frac{\pi}{6}$　　C. $\frac{\pi}{4}$　　D. $\frac{\pi}{3}$

5. 已知 $|\boldsymbol{a}|=8$，$|\boldsymbol{b}|=5$，则 $|\boldsymbol{a}+\boldsymbol{b}|$ 的取值范围是(　　).

A. $[3,\ 8]$　　B. $(3,\ 8)$　　C. $[3,\ 13]$　　D. $(3,\ 13)$

6. 平行四边形 $ABCD$ 中，若 $|\overrightarrow{AB}+\overrightarrow{AD}|=|\overrightarrow{AB}-\overrightarrow{AD}|$，则必有(　　).

A. $\overrightarrow{AD}=\boldsymbol{0}$　　B. $\overrightarrow{AB}=\boldsymbol{0}$ 或 $\overrightarrow{AD}=\boldsymbol{0}$

C. 四边形 $ABCD$ 是矩形　　D. 四边形 $ABCD$ 是菱形

7. 在$\triangle ABC$ 中，D 是 BC 的中点，E 是 AD 的中点，若 $\overrightarrow{BE}=\lambda\overrightarrow{AB}+\mu\overrightarrow{AC}$，则 $\lambda+\mu=$(　　).

A. 1　　B. $\frac{3}{4}$　　C. $-\frac{3}{4}$　　D. $-\frac{1}{2}$

8. 设 P 是线段 P_1P_2 上的一点，已知 $P_1(1,\ 3)$，$P_2(4,\ 0)$，P 是 P_1P_2 的一个三等分点，则点 P 的坐标为(　　).

A. $(2,\ 2)$　　B. $(3,\ -1)$

C. $(2,\ 2)$或$(3,\ -1)$　　D. $(2,\ 2)$或$(3,\ 1)$

二、填空题(每小题4分，共20分)

9. 在椭圆的标准方程中，$a=13$，$b=5$，则 $c=$________.

10. 长轴长是18，短轴长10，焦点在 y 轴上的椭圆标准方程为________.

11. 双曲线的标准方程是$\frac{x^2}{56}-\frac{y^2}{25}=1$，他的焦点坐标为________，焦距是________.

12. 抛物线的准线方程为 $y=-\frac{3}{4}$，则抛物线的标准方程为________.

三、解答题(共4小题，共40分)

13. (10分)椭圆的焦点在 x 轴上，长轴长为10，离心率是$\frac{4}{5}$，求椭圆的标准方程.

14. (10分)已知双曲线方程为：$4x^2-2y^2=-8$，求双曲线的实轴长、虚轴长、焦距、焦点坐标、顶点坐标、离心率、渐近线方程.

15. (10分)已知抛物线关于 x 轴对称，它的顶点在坐标原点，且经过点 $M\left(-\frac{1}{2},\sqrt{3}\right)$，求这个抛物线的标准方程.

16. (10分)求以椭圆$\frac{x^2}{25}+\frac{y^2}{9}=1$的焦点为顶点，其长轴顶点为焦点的双曲线方程.

第五单元测试卷(二)

班级________姓名________

(满分 100 分，45 分钟)

一、选择题(每小题 5 分，共 40 分)

1. 椭圆$\frac{x^2}{60}+\frac{y^2}{35}=1$的焦距是(　　).

A. 6　　B. 8　　C. 10　　D. 12

2. 焦点在 y 轴上，长轴长为 14，焦距为 8 的椭圆标准方程是(　　).

A. $\frac{x^2}{33}+\frac{y^2}{49}=1$　　B. $\frac{x^2}{49}+\frac{y^2}{33}=1$　　C. $\frac{x^2}{16}+\frac{y^2}{49}=1$　　D. $\frac{x^2}{49}+\frac{y^2}{16}=1$

3. 离心率是$\frac{2\sqrt{3}}{3}$的曲线方程是(　　).

A. $\frac{x^2}{9}+\frac{y^2}{3}=1$　　B. $\frac{x^2}{9}-\frac{y^2}{3}=1$　　C. $\frac{x^2}{18}+\frac{y^2}{6}=1$　　D. $\frac{x^2}{3}-\frac{y^2}{9}=1$

4. 双曲线$\frac{x^2}{9}-\frac{y^2}{16}=1$的渐近线方程为(　　).

A. $y=\pm\frac{16}{9}x$　　B. $y=\pm\frac{9}{16}x$　　C. $y=\pm\frac{3}{4}x$　　D. $y=\pm\frac{4}{3}x$

5. 将双曲线$\frac{x^2}{2}-y^2=1$的实轴变虚轴，虚轴变实轴，所得双曲线方程为(　　).

A. $-\frac{x^2}{2}+y^2=1$　　B. $x^2-\frac{y^2}{2}=1$　　C. $-x^2+\frac{y^2}{2}=1$　　D. $\frac{x^2}{2}-y^2=1$

6. 顶点在原点，焦点坐标为(−3，0)的抛物线的标准方程为(　　).

A. $y^2=-12x$　　B. $y^2=12x$　　C. $x^2=12y$　　D. $x^2=-12y$

7. 顶点为原点，准线为 $x=-1$ 的抛物线的标准方程为(　　).

A. $y^2=-4x$　　B. $y^2=4x$　　C. $y^2=-2x$　　D. $x^2=-4y$

8. 设方程 $x^2+ky^2=2$ 表示焦点在 y 轴上的椭圆，则实数 k 的取值范围为(　　).

A. $(0, 1)$　　B. $(0, 2)$　　C. $(0, +\infty)$　　D. $(1, +\infty)$

二、填空(每小题 5 分，共 20 分)

9. 椭圆$\frac{x^2}{25}+\frac{y^2}{9}=1$的离心率为________，顶点坐标为________.

10. 平面 α 外的斜线段 AB 的长为 2，它在平面 α 内的射影长为 1，则线段 AB 所在的直线与平面 α 所成的角是________.

11. 长方体 $ABCD\text{-}A_1B_1C_1D_1$ 中，$AB=a$，$BB_1=BC=b$，则 CD_1 与 BB_1 所成角的余弦值是________.

12. 如图所示，AB 是⊙O 的直径，$PA\perp$平面 ABC，C 是⊙O 上任一点，则直二面角的个数是________.

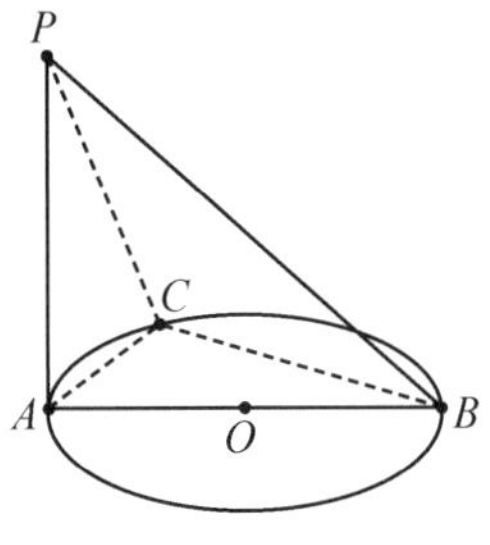

第 12 题图

三、解答题(共 4 小题，共 40 分)

13.(8 分)如图所示，空间四边形 $ABCD$ 中，E，F，G，H 分别是 AB，AD，CB，CD 边上的中点，求证 $EF/\!/GH$.

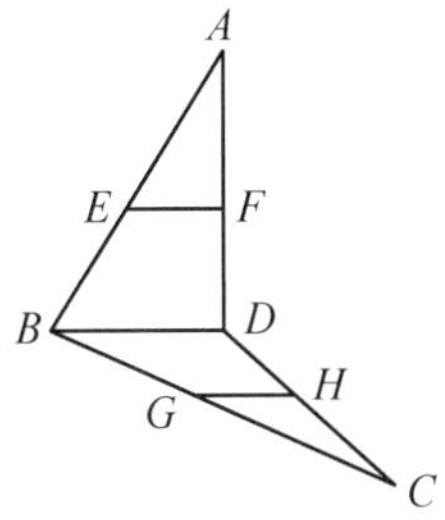

第 13 题图

14.(10 分)如图所示，在正方体 $ABCD\text{-}A_1B_1C_1D_1$ 中，证明：$BD_1\perp AC$.

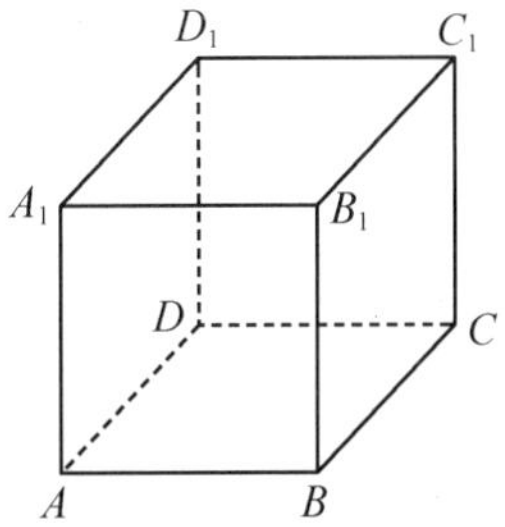

第 14 题图

15.(10分)如图所示，在正方体 $ABCD\text{-}A_1B_1C_1D_1$ 中，求证：平面 ACD_1//平面 A_1C_1B.

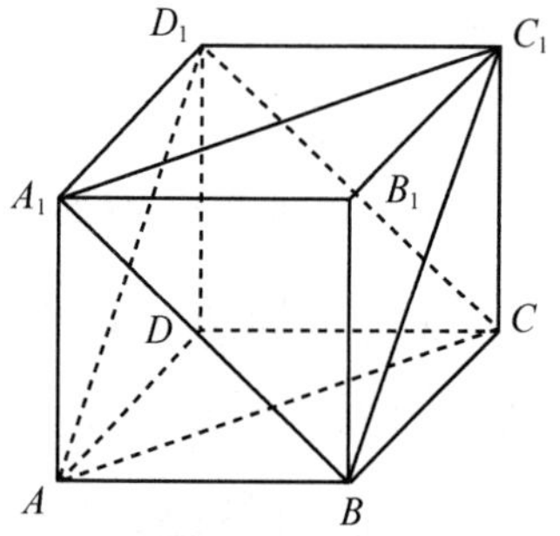

第 15 题图

16.(12分)已知空间四边形 $ABCD$，$\triangle BCD$ 是正三角形且边长为 a，$AD\perp$平面 BCD，$AD=\frac{1}{2}a$，求二面角 $A\text{-}BC\text{-}D$ 的大小.

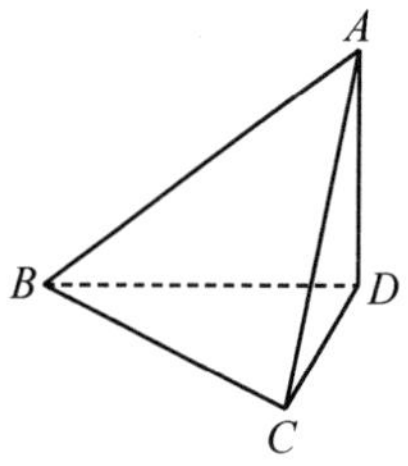

第 16 题图

三、解答题(共4小题，共40分)

13.(10分)画两个相交平面，在每个平面内各画一条直线，使它们成为：

(1)平行直线；　　(2)异面直线.

14.(10分)如图所示，AB 是圆 O 的直径，PA 垂直于圆 O 所在的平面，C 是圆上任意一点，证明：平面 $PAC\perp$ 平面 PBC.

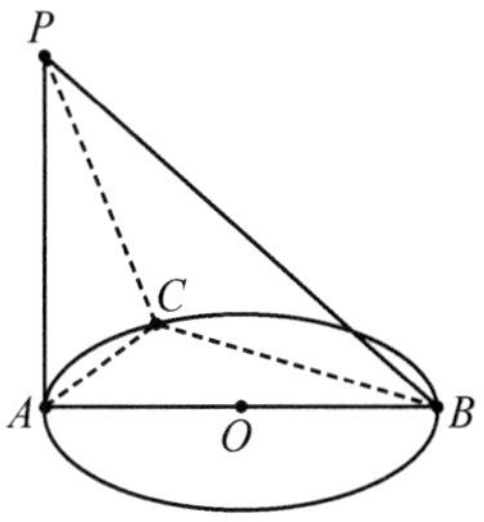

第14题图

15.(10分)如图所示，在直角三角形 ABC 中，$\angle ACB=90^{\circ}$，$AC=BC=1$，若 $PA\perp$ 平面 ABC，且 $PA=\sqrt{2}$.

(1)证明 $BC\perp PC$.

(2)求直线 BP 与平面 PAC 所成的角.

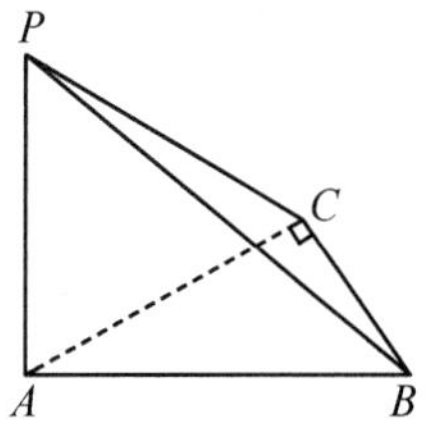

第15题图

16.(10分)如图，求正四面体侧面 ACD 与底面 BCD 所构成的二面角的余弦值.

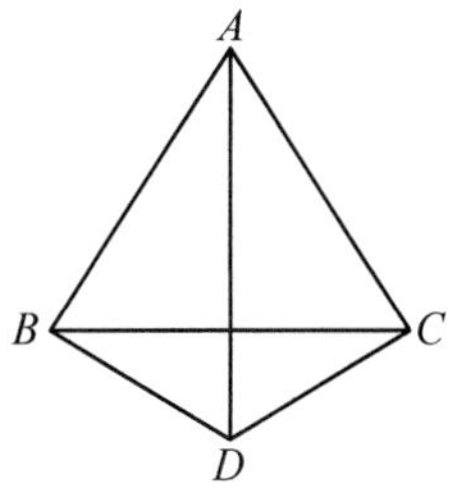

第16题图

期中测试卷(水平一)

班级________姓名________

(满分 100 分，90 分钟)

一、选择题(每小题 3 分，共 36 分)

1. 下列语句是命题的是(　　).

A. $x^2-1=0$　　B. 乙肝病毒是如何传播的?

C. 25 的平方是 625　　D. 他是一个很高的人

2. 下列命题是真命题的是(　　).

A. $3>10$　　B. 三角形的内角和是 180°

C. $\frac{1}{3}$是无理数　　D. 对角线互相平分的四边形是长方形

3. “$a=1$”是“$a^2-a=0$”的(　　).

A. 充分不必要条件　　B. 必要不充分条件

C. 充要条件　　D. 既不充分也不必要条件

4. 若数列的通项公式为 $a_n=\frac{2}{n^2+1}$，则该数列的第 5 项为(　　).

A. $\frac{1}{3}$　　B. $\frac{1}{6}$　　C. $\frac{1}{13}$　　D. $\frac{1}{26}$

5. 在等比数列$\{a_n\}$中，数列 a_{100}，a_{200}，a_{300}，…成(　　).

A. 等比数列　　B. 等差数列　　C. 非等比数列　　D. 无法确定

6. $\sin 15°\cos 15°=$(　　).

A. $\frac{1}{4}$　　B. $\frac{\sqrt{2}}{4}$　　C. $\frac{\sqrt{3}}{4}$　　D. $\frac{\sqrt{6}-\sqrt{2}}{4}$

7. 在△ABC 中，$A=60°$，$b=1$，$c=3$，则 a 的值为(　　).

A. $\sqrt{5}$　　B. $\sqrt{6}$　　C. $\sqrt{7}$　　D. $\sqrt{8}$

8. 已知 $\cos 2\alpha=\frac{1}{3}$，则 $\sin^2\alpha$ 等于(　　).

A. $\frac{5}{6}$　　B. $\frac{2}{3}$　　C. $\frac{1}{3}$　　D. 1

24.(8分)已知数列$\{a_n\}$是等比数列.

(1)如果$a_2=2$，$a_3=-6$，求公比q和a_1；

(2)如果$a_1=3$，$a_2=6$，求公比q和a_5.

25.(8分)数列$\{a_n\}$的前n项的和$S_n=3n^2+n$，求数列的通项公式a_n.

期中测试卷(水平二)

班级________姓名________

(满分 100 分，90 分钟)

一、选择题(每小题 4 分，共 52 分)

1. 下列数列中为等差数列的是(　　).

A. 5，3，1，-1，…　　B. 2，4，8，16，…

C. 1，3，6，9，…　　D. 2，-1，-3，-5，…

2. 下列四个命题中为真命题的是(　　).

A. $a=5$ 等价于 $a^2=25$　　B. $a=5$ 是 $a^2=25$ 的充分条件

C. $a=5$ 是 $a^2=25$ 的充要条件　　D. $a=5$ 是 $a^2=25$ 的必要条件

3. 求值：$\cos 12°\cos 18°-\sin 12°\sin 18°=$(　　).

A. $\cos 6°$　　B. $-\cos 6°$　　C. $\frac{1}{2}$　　D. $\frac{\sqrt{3}}{2}$

4. 在等差数列$\{a_n\}$中，若 $a_2=4$，$a_5=13$，则公差为(　　).

A. 3　　B. -3　　C. 2　　D. -2

5. 两个数的等差中项是 12.5，等比中项之一是-10，则这两个数为(　　).

A. 22，3　　B. 21，4　　C. 20，5　　D. 19，6

6. 在等比数列$\{a_n\}$中，$a_1+a_5=12$，$a_3+a_7=48$，则此数列的公比为(　　).

A. 2　　B. -2　　C. 4　　D. 2 或-2

7. $ac=b^2$ 是 a，b，c 成等比数列的(　　).

A. 充分非必要条件　　B. 必要非充分条件

C. 充要条件　　D. 既非充分又非必要条件

8. 在等比数列$\{a_n\}$中，$S_4=65$，公比 $q=\frac{2}{3}$，则 $a_1=$(　　).

A. 9　　B. 18　　C. 27　　D. 81

9. 已知 $\cos^2\frac{\alpha}{2}=\sin\alpha$，则 $\tan\frac{\alpha}{2}$等于(　　).

A. 2　　B. $\frac{1}{2}$　　C. 1　　D. $\frac{1}{3}$

22.(本小题 8 分，第(1)小问 3 分，第(2)小问 5 分)

一小船在海上航行到 A 处，测得灯塔 M 在该船北偏东 15°相距 30 n mile 处. 随后，小船沿北偏西 30°的方向航行，半小时后到 B 处，测得灯塔 M 在该船的北偏东 45°处.

(1)作出图像；

(2)求轮船的速度. (根号保留)

期末测试卷(水平一)

班级________姓名________

(满分 100 分，90 分钟)

一、选择题(每小题 3 分，共 36 分)

1. “$a^2+b^2=0$”是“$a=0$ 且 $b=0$”的(　　).

A. 充分不必要条件　　B. 必要不充分条件

C. 充要条件　　D. 既不充分也不必要条件

2. 若数列 2，a，8 是等比数列，则实数 a 的值为(　　).

A. 4　　B. -4　　C. ± 4　　D. 5

3. 已知数列$\{a_n\}$的一个通项公式为 $a_n=(-1)^n\cdot 2^n-a$，且 $a_2=7$，则 a_1 等于(　　).

A. 0　　B. 1　　C. -1　　D. 3

4. 设一条斜线和一个平面所成的角为 θ，则(　　).

A. $0°<\theta<180°$　　B. $0°<\theta<90°$　　C. $0°<\theta\leqslant 90°$　　D. $0°\leqslant\theta\leqslant 90°$

5. 已知 $\overrightarrow{AB}=(2,4)$，$\overrightarrow{AC}=(1,3)$，则 $|\overrightarrow{BC}|=$(　　).

A. 1　　B. 2　　C. $\sqrt{2}$　　D. $2\sqrt{2}$

6. 焦点在 y 轴上，长半轴长为 7，短半轴长为$\sqrt{33}$的椭圆标准方程是(　　).

A. $\frac{x^2}{33}+\frac{y^2}{49}=1$　　B. $\frac{x^2}{49}+\frac{y^2}{33}=1$　　C. $\frac{x^2}{16}+\frac{y^2}{49}=1$　　D. $\frac{x^2}{49}+\frac{y^2}{16}=1$

7. 在平面直角坐标系中，角 α 的顶点在原点，一条边与 x 轴非负半轴重合，角 α 的另一条边上有一点 $P(\sqrt{3},-1)$，则 $\sin\left(\alpha+\frac{\pi}{4}\right)=$(　　).

A. $-\frac{\sqrt{3}}{2}$　　B. $\frac{\sqrt{6}-\sqrt{2}}{4}$　　C. $\frac{\sqrt{2}-\sqrt{6}}{4}$　　D. $\frac{\sqrt{2}+\sqrt{6}}{4}$

8. 函数 $y=\sin\left(3x+\frac{\pi}{4}\right)$的图像是由函数 $y=\sin 3x$ 的图像(　　)得到的.

A. 向左平移$\frac{\pi}{4}$个单位　　B. 向右平移$\frac{\pi}{4}$个单位

C. 向左平移$\frac{\pi}{12}$个单位　　D. 向右平移$\frac{\pi}{12}$个单位

9. 下列各命题中，正确的是(　　).

A. 若两个向量方向相反，则这两个向量是相反向量

23.(12 分)已知函数 $f(x)=2\sqrt{3}\sin x\cos x-2\sin^2 x+2$. 求：

(1)函数 $f(x)$的最小值以及取得最小值时 x 的集合；

(2)函数 $f(x)$的单调减区间.

24.(10 分)如图，求正四面体侧面与底面所构成的二面角的余弦值.

期末测试卷(水平二)

班级________姓名________

(满分 100 分，90 分钟)

一、选择题(每小题 4 分，共 52 分)

1. 下列命题是真命题的是(　　).

A. 两条直线不平行则必相交

B. 一个平面内有两条直线平行于另一个平面，则这两个平面平行

C. 一条直线垂直于一个平面内的两条直线，则这条直线垂直于这个平面

D. 平面外的一条直线平行于这个平面内的一条直线，则此直线与此平面平行

2. 平面 α 与平面 β 平行，直线 $a\subseteq\alpha$，$b/\!/\beta$，则直线 a 和直线 b 一定(　　).

A. 异面　　B. 相交　　C. 平行　　D. 以上都有可能

3. $a>b$ 是 $a^2>b^2$ 的(　　).

A. 充分非必要条件　　B. 必要非充分条件

C. 充要条件　　D. 既非充分又非必要条件

4. 设 $A(-2,5)$，$B(3,-7)$，则 $\overrightarrow{AB}$ 的坐标为(　　).

A. $(5,-12)$　　B. $(-5,12)$　　C. $(1,-2)$　　D. $(-1,2)$

5. 在等差数列$\{a_n\}$中，若 $a_1=73$，$d=-4$，则最接近零的项为(　　).

A. 第 20 项　　B. 第 19 项　　C. 第 18 项　　D. 第 17 项

6. 在$\triangle ABC$ 中，$a=\sqrt{2}$，$c=2$，$\angle A=30^\circ$，则$\angle C=$(　　).

A. 45°　　B. 135°　　C. 45°或 135°　　D. 60°

7. 下列各对向量中共线的是(　　).

A. $\boldsymbol{a}=(2,3)$，$\boldsymbol{b}=(3,-2)$　　B. $\boldsymbol{a}=(2,3)$，$\boldsymbol{b}=(4,-6)$

C. $\boldsymbol{a}=(1,\sqrt{2})$，$\boldsymbol{b}=(\sqrt{2},2)$　　D. $\boldsymbol{a}=(3,7)$，$\boldsymbol{b}=(7,3)$

8. 在正方体 $ABCD\text{-}A_1B_1C_1D_1$ 中，异面直线 AB_1 与 CD_1 之间所成的角是(　　).

A. 30°　　B. 45°　　C. 60°　　D. 90°

9. 化简$\sqrt{1-\sin 6}$的结果为(　　).

A. $\sin 3+\cos 3$　　B. $\sin 3-\cos 3$　　C. $\cos 3-\sin 3$　　D. $-\sin 3-\cos 3$

22.(本小题 8 分，第(1)小问 5 分，第(2)小问 3 分)

已知 $f(x)=-2\cos^2 x+2\sqrt{3}\sin x\cos x$.

(1)将 $f(x)$化成 $A\sin(\omega x+\varphi)+B$ 的形式；

(2)求 $f(x)$的最大值、最小值和最小正周期 T.